小学校

新教科書
ここが
変わった！

社会

鎌田和宏 著

「主体的・対話的で深い学び」をめざす
新教科書の使い方

日本標準

はじめに　〜何のために社会科を学ぶのか〜

　2020年は，わたしたちにとって忘れられない年になることでしょう。

　夏には東京オリンピック・パラリンピックが開かれ，アスリートたちの活躍を見るために世界各地から人々が集まり，その人々は日本各地を訪れる──。そのような夏は来ませんでした。それどころか春の訪れを待つ頃から新型コロナウイルスの世界的な感染拡大により，わたしたちのくらしは一変しました。感染拡大防止は生物学的・医学的な取り組みだけでなく，わたしたちのくらし方，働き方などに変更をせまる，社会的・政治的な取り組みでもありました。

　たとえば新型コロナ感染拡大下の社会で生きるための「新しい生活様式」に必須であるマスクは，商店などの店頭から姿を消しました。多くのマスクは中国でつくられていたとのことですが，その中国で先がけて感染拡大がおきたため，製造する工場が操業を止めてしまい品不足となったのです。わたしたちのくらしは，世界各地とのつながりの中で営まれていると実感させられました。このような現象は，わたしたちのくらしが国際分業で成り立っていることなど，地理的な見方・考え方をもっていれば想定でき，そなえることができたかもしれません。

　しばらくするとマスクは流通しはじめましたが，その価格は以前の10倍近くのものもあるなど，高騰しました。需要と供給で価格が決定される市場経済のしくみを実感できたのではないでしょうか。この状況に対してマスクを製造し，国民に配付するという政策が実行されました。この政策には賛否両論がありましたが，あなたはどうとらえたでしょうか。現代社会の見方・考え方を鍛えていれば，自分の意見がもてたのではないでしょうか。

　感染症と人類との関わりの歴史は古く，ネアンデルタール人も感染症にかかっていたようです。今回のような感染症の拡大は，初めて起こったものではありません。中世ヨーロッパのペストの大流行，近代では第一次世界大戦の頃のインフルエンザの世界的大流行など，爆発的な感染拡大をわたしたちの祖先は幾たびも経験し、記憶や歴史的な記録に残してきました。過去の事

象から学ぶ，歴史的な見方・考え方をもっていれば，もっと早い段階から、よりよい対応を考えられたはずなのですが……。

　社会科は，社会のしくみを学び，社会を皆にとってよりよいものに変えていくための知識と方法を学ぶ教科です。学習指導要領が改訂され，教科書も新しいものとなりました。地理的な見方・考え方，現代社会の見方・考え方，歴史的な見方・考え方は小学校で培われる社会的事象の見方・考え方を基礎として，中・高等学校で育てられるもので，社会をとらえるために大切なものです。これらを育てるような新たな知恵が教科書には結集されています。通常学校で使用される教科書は特定の会社の教科書となりますが，他社の教科書の工夫からも多くを学べば，よりよい授業ができるのではないでしょうか。「教科書を教える授業」から「教科書で教える授業」へとステップ・アップしていくには，まずは教科書研究が有効です。教科書研究を深め，よりよい社会科授業を行うことによって，困難な時代に立ち向かえる市民を育てていこうではありませんか。

　　2020 年 9 月

　　　　　　　　　　　　　　　　　　　　　　　鎌田和宏

目 次 contents

実践編

＊本書では，2019年検定済の教科書をもとに解説しています。

＊A社は東京書籍，B社は教育出版，C社は日本文教出版を表しています。

解説編

新学習指導要領でめざす
社会科の「主体的・対話的で深い学び」

鎌田和宏

1 新学習指導要領で社会科は何が変わるのか

① 総則で示された「汎用的資質・能力」を育てるという考え方

(1) 総則をとらえて社会科を考える

　今回の学習指導要領の改訂をとらえるためには，総則との関係で各教科をとらえなくてはなりません。学力のとらえ方が改められ，学習指導要領の総論である総則をふまえて各教科などをとらえる必要があるからです。

　学校教育法では，第30条第2項で小学校教育の目的について「生涯にわたり学習する基盤が培われるよう，基礎的な知識及び技能を習得させるとともに，これらを活用して課題を解決するために必要な思考力，判断力，表現力その他の能力をはぐくみ，主体的に学習に取り組む態度を養うことに，特に意を用いなければならない」（下線著者）としています。これは学力の三要素と呼ばれ，学習指導要領では改訂の重点として①何ができるようになるか，②どのように学ぶか，③何を学ぶかが資質・能力の三つの柱として示されています（図1）。

(2) 2030年の社会に子どもを送り出す

　資質・能力の三つの柱は社会と連携・協働しながら，未来の創り手となるための重点とされています。この学習指導要領の次の改訂が行われるであろう2030年の社会は，情報化やグローバル化といった社会的変化が加速度的に人間の予測を超えて進展する社会になると考えられ，そのような予測困難な社会が展開する時代に一人ひとりが未来の創り手となるためには，基礎的・基本的な知識や技能の習得によって，主体的・対話的で深い学びが実現され，その過程で学び方も身につけ，何があっても対応できる汎用的な資質・

図1　学習指導要領の改訂の重点

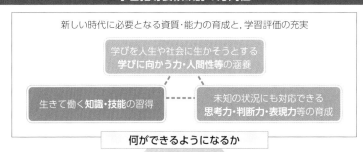

学習指導要領改訂の方向性

新しい時代に必要となる資質・能力の育成と，学習評価の充実

学びを人生や社会に生かそうとする
学びに向かう力・人間性等の涵養

生きて働く**知識・技能**の習得

未知の状況にも対応できる
思考力・判断力・表現力等の育成

何ができるようになるか

よりよい学校教育を通じてよりよい社会を創るという目標を共有し，
社会と連携・協働しながら，未来の創り手となるために必要な資質・能力を育む
「社会に開かれた教育課程」の実現

各学校における「**カリキュラム・マネジメント**」の実現

何を学ぶか

新しい時代に必要となる資質・能力を踏まえた
教科・科目等の新設や目標・内容の見直し

小学校の外国語教育の教科化，高校の新科目「公共（仮称）」
の新設など

各教科等で育む資質・能力を明確化し，目標や内容を構造
的に示す
学習内容の削減は行わない※

どのように学ぶか

主体的・対話的で深い学び（「アクティブ・
ラーニング」）の視点からの学習過程の改善

生きて働く知識・技能の習
得など，新しい時代に求め
られる資質・能力を育成

主体的な学び
対話的な学び
深い学び

知識の量を削減せず，質の
高い理解を図るための学
習過程の質的改善

※高校教育については，些末な事実的知識の暗記が大学入学者
　選抜で問われることが課題になっており，そうした点を克服す
　るため，重要用語の整理等を含めた高大接続改革等を進める。

平成29年度 小・中学校新教育課程説明会（中央説明会）における文部科学省説明資料
https://www.mext.go.jp/a_menu/shotou/new-cs/__icsFiles/afieldfile/2017/09/28/1396716_1.pdf　より
（2020年9月1日確認）

能力を育てることが求められているということです。

（3）「見方・考え方」の育成が鍵

　このような考え方の中で，各教科などはその特質に応じた「見方・考え方」
で，「主体的・対話的で深い学び」の，深い学びを実現するために重要だと
しています。「見方・考え方」は新しい知識・技能をすでにもっている知識・
技能と結びつけながら社会の中で生きて働くものとして習得したり，思考力・
判断力・表現力等を豊かなものとしたり，社会や世界にどのように関わるか

の視座を形成したりするために重要なものだとしています。このような考え方にもとづいて各教科などの目標や内容をとらえていくことが求められています。

② 社会科の目標と内容

(1) 学力の3要素で描かれた社会科の目標

では，社会科の目標はどうなっているのでしょうか。

社会的な見方・考え方を働かせ，課題を追究したり解決したりする活動を通して，グローバル化する国際社会に主体的に生きる平和で民主的な国家及び社会の形成者に必要な公民としての資質・能力の基礎を次のとおり育成することを目指す。

(1) 地域や我が国の国土の地理的環境，現代社会の仕組みや働き，地域や我が国の歴史や伝統と文化を通して社会生活について理解するとともに，様々な資料や調査活動を通して情報を適切に調べまとめる技能を身に付けるようにする。

(2) 社会的事象の特色や相互の関連，意味を多角的に考えたり，社会に見られる課題を把握して，その解決に向けて社会への関わり方を選択・判断したりする力，考えたことや選択・判断したことを適切に表現する力を養う。

(3) 社会的事象について，よりよい社会を考え主体的に問題解決しようとする態度を養うとともに，多角的な思考や理解を通して，地域社会に対する誇りと愛情，地域社会の一員としての自覚，我が国の国土と歴史に対する愛情，我が国の将来を担う国民としての自覚，世界の国々の人々と共に生きていくことの大切さについての自覚などを養う。

　社会科の最終的な目標は公民としての資質・能力の基礎の育成にあることがわかります。そのために社会的な見方・考え方を働かせ，課題を追究・解決するといった問題解決的学習を展開する必要があるとしています。そのために，(1) 地理的環境と人々の生活，歴史と人々の生活，現代社会の仕組

図2　社会的な見方・考え方

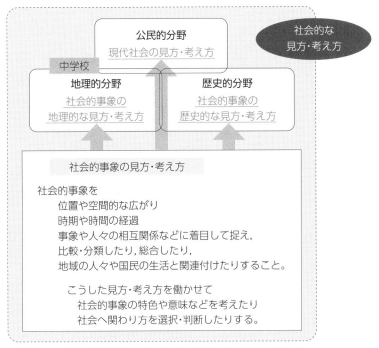

『小学校学習指導要領 解説 社会科編』P.19をもとに筆者作成

みや働きと人々の生活の3つの分野に分類される知識及び技能を習得し，(2) 社会的事象に関する思考力，判断力，表現力等を育み，(3) よりよい社会を考え主体的に問題解決しようとする態度や社会の一員としての自覚といった学びに向かう力，人間性等を養おうとしています。鍵は社会的な見方・考え方ですが，これは上の図2のように考えることができます。

(2) 社会的な見方・考え方とは

　図2のように小学校では社会的な見方・考え方を，とくに「社会的事象の見方・考え方」として示し，中学校における社会的な見方・考え方（社会的事象の地理的な見方・考え方，社会的事象の歴史的な見方・考え方，現代社会

表1 小学校社会科 各学年の目標

> 社会的事象の見方・考え方を働かせ，学習の問題を追究・解決する活動を通して，次のとおり資質・能力を育成することを目指す。

学年	(1)知識及び技能	(2)思考力，判断力，表現力等	(3)学びに向かう力，人間性等
3	身近な地域や市区町村の地理的環境，地域の安全を守るための諸活動や地域の産業と消費生活の様子，地域の様子の移り変わりについて，人々の生活との関連を踏まえて理解するとともに，調査活動，地図帳や各種の具体的資料を通して，必要な情報を調べまとめる技能を身に付けるようにする。	社会的事象の特色や相互の関連，意味を考える力，社会に見られる課題を把握して，その解決に向けて社会への関わり方を選択・判断する力，考えたことや選択・判断したことを表現する力を養う。	社会的事象について，主体的に学習の問題を解決しようとする態度や，よりよい社会を考え学習したことを社会生活に生かそうとする態度を養うとともに，思考や理解を通して，地域社会に対する誇りと愛情，地域社会の一員としての自覚を養う。
4	自分たちの都道府県の地理的環境の特色，地域の人々の健康と生活環境を支える働きや自然災害から地域の安全を守るための諸活動，地域の伝統と文化や地域の発展に尽くした先人の働きなどについて，人々の生活との関連を踏まえて理解するとともに，調査活動，地図帳や各種の具体的資料を通して，必要な情報を調べまとめる技能を身に付けるようにする。	社会的事象の特色や相互の関連，意味を考える力，社会に見られる課題を把握して，その解決に向けて社会への関わり方を選択・判断する力，考えたことや選択・判断したことを表現する力を養う。	社会的事象について，主体的に学習の問題を解決しようとする態度や，よりよい社会を考え学習したことを社会生活に生かそうとする態度を養うとともに，思考や理解を通して，地域社会に対する誇りと愛情，地域社会の一員としての自覚を養う。
5	我が国の国土の地理的環境の特色や産業の現状，社会の情報化と産業の関わりについて，国民生活との関連を踏まえて理解するとともに，地図帳や地球儀，統計などの各種の基礎的資料を通して，情報を適切に調べまとめる技能を身に付けるようにする。	社会的事象の特色や相互の関連，意味を多角的に考える力，社会に見られる課題を把握して，その解決に向けて社会への関わり方を選択・判断する力，考えたことや選択・判断したことを説明したり，それらを基に議論したりする力を養う。	社会的事象について，主体的に学習の問題を解決しようとする態度や，よりよい社会を考え学習したことを社会生活に生かそうとする態度を養うとともに，多角的な思考や理解を通して，我が国の国土に対する愛情，我が国の産業の発展を願い我が国の将来を担う国民としての自覚を養う。
6	我が国の政治の考え方と仕組みや働き，国家及び社会の発展に大きな働きをした先人の業績や優れた文化遺産，我が国と関係の深い国の生活やグローバル化する国際社会における我が国の役割について理解するとともに，地図帳や地球儀，統計や年表などの各種の基礎的資料を通して，情報を適切に調べまとめる技能を身に付けるようにする。	社会的事象の特色や相互の関連，意味を多角的に考える力，社会に見られる課題を把握して，その解決に向けて社会への関わり方を選択・判断する力，考えたことや選択・判断したことを説明したり，それらを基に議論したりする力を養う。	社会的事象について，主体的に学習の問題を解決しようとする態度や，よりよい社会を考え学習したことを社会生活に生かそうとする態度を養うとともに，多角的な思考や理解を通して，我が国の歴史や伝統を大切にして国を愛する心情，我が国の将来を担う国民としての自覚や平和を願う日本人として世界の国々の人々と共に生きることの大切さについての自覚を養う。

の見方・考え方の3つから構成）へと発展する前段階のものとしています。この見方・考え方は表1の目標の（1）の知識及び技能などで示されている3つの柱に対応していますが，小学校では総合性を重視する立場から3つの視点からとらえるだけでなく，必要に応じて複数の視点を組み合わせて社会的事象に迫っていくことが重要だとされています。

（3）各学年の目標は

　社会科全体の目標は，このようでありますが，各学年はどうなっているでしょうか。表1を見てください。

　（1）の知識及び技能は各学年で異なっています。これまでどおり，おおまかにいって子どもを中心として同心円が拡大するように学習対象が，身近な地域，市区町村，都道府県，日本，世界と広がっています。この内容について，整理すると次ページの図3のようになります。

　（2）の思考力，判断力，表現力等については3年と4年，5年と6年が共通のものとなっており，社会的事象や事象相互の関連，意味を考え，社会に見られる課題を把握し，その解決に向けて社会への関わり方を選択・判断，表現する能力をつけることを基本的なねらいとしています。高学年ではこれに加えて，多角的に（さまざまな立場から）考え，選択・判断したことを表現したり，それをもとに議論したりする力を育成するとしています。

　（3）の学びに向かう力，人間性等は3年と4年が共通のものとなっています。学習したことを社会生活に生かそうとする態度や，地域社会の一員としての自覚（3・4年），我が国の国土に対する愛情（5年），歴史や伝統を大切にして国を愛する心情，世界の国々の人々と共に生きることの大切さについての自覚（6年）を養うことをねらいとしています。

図3　小学校社会科の概観

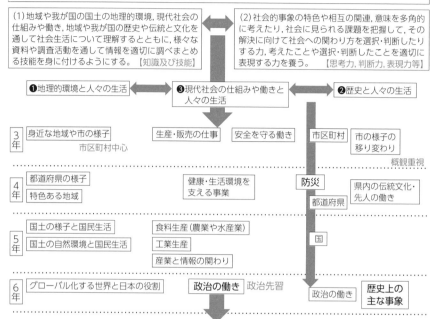

【目標】
　社会的な見方・考え方を働かせ,課題を追究したり解決したりする活動を通して,グローバル化する国際社会に主体的に生きる平和で民主的な国家及び社会の形成者に必要な公民としての資質・能力の基礎を次のとおり育成することを目指す。

(1)地域や我が国の国土の地理的環境,現代社会の仕組みや働き,地域や我が国の歴史や伝統と文化を通して社会生活について理解するとともに,様々な資料や調査活動を通して情報を適切に調べまとめる技能を身に付けるようにする。　【知識及び技能】

(2)社会的事象の特色や相互の関連,意味を多角的に考えたり,社会に見られる課題を把握して,その解決に向けて社会への関わり方を選択・判断したりする力,考えたことや選択・判断したことを適切に表現する力を養う。　【思考力,判断力,表現力等】

❶地理的環境と人々の生活　　　❸現代社会の仕組みや働きと人々の生活　　　❷歴史と人々の生活

| 3年 | 身近な地域や市の様子 市区町村中心 | 生産・販売の仕事　安全を守る働き | 市区町村 | 市の様子の移り変わり 概観重視 |

| 4年 | 都道府県の様子 特色ある地域 | 健康・生活環境を支える事業 | 防災 都道府県 | 県内の伝統文化・先人の働き |

| 5年 | 国土の様子と国民生活 国土の自然環境と国民生活 | 食料生産(農業や水産業) 工業生産 産業と情報の関わり | 国 | |

| 6年 | グローバル化する世界と日本の役割 | 政治の働き　政治先習 | 政治の働き | 歴史上の主な事象 |

(3)社会的事象について,よりよい社会を考え主体的に問題解決しようとする態度を養うとともに,多角的な思考や理解を通して,地域社会に対する誇りと愛情,地域社会の一員としての自覚,我が国の国土と歴史に対する愛情,我が国の将来を担う国民としての自覚,世界の国々の人々と共に生きていくことの大切さについての自覚などを養う。
【学びに向かう力,人間性等】

2 社会科でこそ実現したい 「主体的・対話的で深い学び」

① なぜ「主体的・対話的で深い学び」なのか

(1) 子どもは「主体的」に学んでいるか

　今回の改訂では，「主体的・対話的で深い学び」が授業改善の視点として重視されています。文部科学大臣が中央教育審議会に諮問をした際には「アクティブ・ラーニング」として示されたもので，近年の学習科学の知見にもとづき，講義中心の学習から，学習者が活動的に学ぶ授業へと改善することを意図して出されたものです。このような改善が必要なのは，主として中学校・高校の授業で，小学校では関係のないことではないかとの声も聞こえそうです。たしかに小学校では，座学で講義を聞かせるような授業をしていては授業自体が成立しませんから，このような改善についてはすでに行われているとの考え方もあるでしょう。しかし，少なくとも「主体的」については検討する必要があるように思います。子どもが本当に自分から学習に，活動に取り組みたいと思えるような授業になっているのかについてはどうでしょうか。

　社会科でいえば，全体の目標で「課題を追究したり解決したりする活動を通して」と授業を問題解決「的」学習にすることを求めていますが，問題解決「的」学習は，モデル化された問題解決過程を子どもになぞらせる学習です（図 4）。子どもが自ら「する」のでなく「させる」学習になってしまわないかが気になります。

(2) 初期社会科に学ぶ

　初期社会科で行われた問題解決学習は子どもが生活の中に存在する切実な

問題に向き合い，それを解決するために自発的に調べ，考え，話し合っていく学習でした。たしかに戦後の日本社会は，現在に比べて社会的な問題や課題は子どもにとっても発見しやすく，切実さを実感しやすいものであったかもしれません。現代社会は複雑で，社会的な問題や課題を見いだすこと自体も難しいですし，ましてやその解決について調べ・考えることは容易なことではありません。しかし，18歳になれば投票権をもち，政治参加する子どもたちです。6年生であれば6年後くらいには実際に権利を行使しはじめるのです。政治参加することを考えると，子どもにとって身近な地域の問題などから，社会的な問題を発見し，解決に向けて，調べ，考えていくことはきわめて重要で，社会科学習は政治参加の原体験となるはずです。「させる」学習でなく，自ら「する」学習になっていくように，子ども研究，教材研究はますます重要になってきています。子どもたちが生活する環境や，思いや願い，考え方など，一人ひとりをとらえることが授業づくりの基盤となりま

図4　問題解決的学習から問題解決学習へ

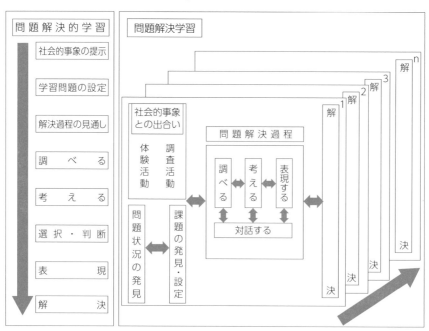

す。そして，その子どもたちとどのように重なりをもった授業をつくるのか，教材研究も重要です。教材研究に含まれますが，どのような学習活動を組織し，子どもたちに自ら学ぶ力（調べ・考え・表現する力，すなわち情報リテラシー）が身につくようにするかも考えなくてはなりません。子どもたちが自ら学習「する」ようになっていくためには，体験が重要です。子どもたちは体験によって心を動かされ，学ぶ意欲をもち，高めていきます。それが調べ，考える原動力となっていくのです。社会的事象との出合い，そしてそれに関わる人との出会いを大切にしたいものです。

　もう一つの授業改善の視点「対話的」のもつ意味は社会科ではとくに重要です。社会は，さまざまな立場の考え方の異なる人によって構成されています。そのような人が共生していくためには，利害の対立や意見の違いなどを調整していくことが不可欠です。市民として生きるためには社会をとらえることももちろん大切ですが，対話すること自体も大切なのです。社会科の学習の中で対話することを位置づけ，対話ができ，かつ対話し続ける重要性のわかる子どもに育てていきたいものです。

② 「主体的・対話的で深い学び」が生まれる社会科授業

　ここまで述べてきたことを，実際の授業の姿で表現するとどのようになるでしょうか。多くの単元は見学や体験的な学習から始まります。

　5年生の食料生産の単元では，まず自分たちが食べているものを調べることから始めます。自分たちが何を食べているのか，意外に意識していないものです。食をめぐる問題はさまざまあります。たとえばフード・ロスの問題はどうでしょうか。食をめぐる社会的な問題を解決するために，流通，生産がどのように行われているのか調べ，考えていきます。

　はじめから見通しをもって調べることは難しいでしょう。けれども，経験が積み重なることによって，問題解決の見通しがもてるようになっていきます。体験からすぐに問題は見いだせないかもしれません。調べつつ，考えつつ，問題が見えてくる場合もあるでしょう。一人ひとりの子どもが本気で考

えたい，解決しなくてはならない問題が個々に，そして集団の中で見いださ
れ，共有されながら，学習は展開していきます。

　子どもたちが調べて，手に入れた事実によって，問題の本質や解決に迫っ
ていくことができるでしょう。実際にその解決に向けて取り組んでいる大人
に出会うでしょう。異なる立場で解決に取り組んでいるさまざまな大人の姿
をなぞりながら，子どもたちは考えていきます。実際の問題解決に取り組む
大人の姿に共感しつつ，自らの考えを構築し，教室の仲間と対話を重ね，協
働での問題解決が図られます。そして，それによって一応の解決が見いだせ
るでしょう。しかし，それは一応の解決であって同時に新たな問題が見いだ
されることのほうが多いはずです。

　問題解決「的」に学ぶことから始めざるを得ないと思います。しかし経験
を積み重ねながら，問題解決学習へと発展させていくことこそが，予測困難
な時代に子どもを送り出していくために社会科が大切にしなくてはならない
ことではないでしょうか。

3 新教科書はどう変わったか

　新学習指導要領の社会科の目標と改訂のポイントを概観してきましたが，教科書はどう変わったでしょうか。今回は，3 社が小学校の社会科教科書を作成しています。教科書は教科書検定がありますので，学習指導要領に準拠して作成され，学習指導要領の趣旨をふまえた教材として構成されています。また，法律によって主たる教材との位置づけが与えられていますので，教科

図5　各教科書の問題解決過程

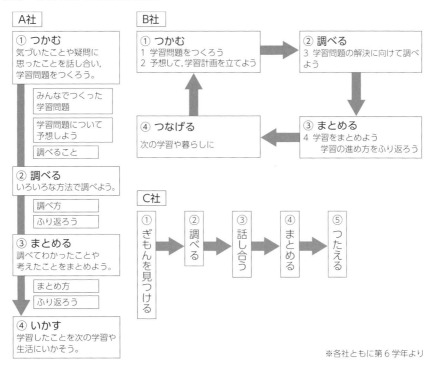

※各社ともに第 6 学年より

書のもつ影響力はきわめて大きなものとなっています。各学年については後ほど具体的に見ていくことにしますが、ここでは「主体的・対話的で深い学び」と関わって重要となる問題解決的学習の問題解決過程——これは学び方を学ぶこととも関連が強い事柄です——と社会的な見方・考え方について各教科書がどう扱っているのかについて見ていきたいと思います。

① 問題解決過程の描き方

　教科書では各社、学年によって示す場所や内容が若干異なっているので、最高学年の6学年の例を中心に比較してみたいと思います（図5）。

　A社の教科書では、各学年の第1単元の学習問題を構成するページに問題解決過程の考え方を示しています。A社は ①「つかむ」②「調べる」③「まとめる」④「いかす」の4つの過程が順に進むものとして示しています。①の「つかむ」では、気づいたことや疑問に思ったことを話し合って学習問題をつくろうとして学習問題を構成させます。そして「みんなでつくった学習問題」を構成した後に「学習問題について予想しよう」の項目を立て、学習問題に関する内容的な見通しをもたせようとしています。そして、それにもとづいて「調べること」と調べる事柄を具体的に示しています。②の「調べる」では「調べ方」の項目を立て、さらに「教科書を使って調べる」と「教科書以外で調べる」という項目を立て、具体的な調べ方を挙げています。そして③の「まとめる」では「まとめ方」の項目を立て、具体的なまとめ方を示しています。②③の過程では「ことば」として示された重要用語・概念に注意しつつ、それぞれの過程が適切に進められたかを検討する「ふり返ろう」の項目を立てています。そして④の「いかす」では学習したことを次の学習や生活に生かすためにどうすればよいのかが示唆されています。A社の教科書には「ひろげる」という発展的な学習へとつなげるページも設けられています。

　B社は4年以上の各学年の巻頭に前学年をふり返るページなどを設け、その後に問題解決過程の考え方を示しています。B社では問題解決過程を

①「つかむ」②「調べる」③「まとめる」④「つなげる」の４つの過程が循環的に進むものとして（④の次は新たな①に進む）示しています。①の「つかむ」では「1 学習問題をつくろう」として「みんなでつくった学習問題」を示し，次に「2 予想して，学習計画を立てよう」の項目を立て，一般的にこの過程ではどのように学習を進めればよいのかを示しています。②の「調べる」では「3 学習問題の解決に向けて調べよう」の項目を立てどのように学習を進めればよいのかを示し，③の「まとめる」は「4 学習をまとめよう」でどのように学習を進めればよいかを示した後に「学習の進め方をふり返ろう」として問題解決過程が適切に進められたかを検討できるようにしています。そして④の「つなげる」では副題に「次の学習や暮らしに」を掲げ，実生活に役立てる方法や地域の課題解決に向けて自分にできることを考えさせることを示唆しています。

　C社は各学年の表紙裏から巻頭の2ページまたは4ページを使って，問題解決の場面を示しています。3年では4ページを使って①「ぎもんを見つける」②「調べる」③「話し合う」④「まとめる」⑤「つたえる」，4年以上では2ページで示しています。4年は①「見学しよう」②「かんさつしよう」③「話し合おう」④「地図帳で調べよう」⑤「やってみよう」，5年では①「見学しよう」②「地図帳で調べよう」③「調べたことや考えたことを整理しよう」④「話し合おう」，6年では①「見学しよう」②「調べよう」③「話し合おう」④「資料を読み取ろう」⑤「やってみよう」とし，その場面を写真付きで示しています。C社では単元末に「わたしたちの学びを生かそう」という，A社・B社の「いかす」や「つなげる」に相当する発展的な学習を構成するページがあります。

② 社会的な見方・考え方の示し方

　今回の改訂で新たに各教科に設けられた「見方・考え方」。先に述べたように汎用的な「資質・能力」と各教科をつなぎ，「深い学び」を構成するための鍵になるものです。社会科では社会的な見方・考え方として示されてい

ますが，教科書ではどのように示されているでしょうか。学年により若干の違いがありますので各社の6年を比較してみます。教科書のさまざまなところで示されているので，まとめて示されているところを見ることにします。

A社は，先に述べた問題解決過程を示すページ（各学年第1単元の学習問題を構成するページ）に「活用のポイント」として①「位置や広がりに着目」②「時間に着目」③「かかわりに着目」④「比べる，分類する，総合する，関連づける」の項目を設け，実際の学習場面でこれらの見方・考え方をどのように活用すればよいかを示唆しています。それぞれ中学校社会科の3つの見方・考え方につながるもので①が社会的事象の地理的な見方・考え方，②が社会的事象の歴史的な見方・考え方，③は現代社会の見方・考え方へと接続するものです。

B社は4年以上の各学年の巻頭のほうで，前学年の学習をふり返るページの後に「社会科の見方や考え方」と題するページを設け，学習の際の留意点として①「場所や広がり」②「時期や変化」③「くふうや関わり」④「比べる」⑤「関連づける」⑥「総合する」を示しています。①〜③はA社と同様，地理的，歴史的，現代社会の見方・考え方へと発展するものです。

C社は目次の次の教科書の使用方法を示したページに，見方・考え方コーナーの説明として示されています。①空間（わたしたちの住む土地のどこに何があるのか，その広がりや大きさなどに目をつけて，ものごとを見たり，考えたりしてみよう）②時間（昔から未来へとたえず移り変わる時間の流れに目をつけて，ものごとを見たり，考えたりしてみよう）③関係（人々の取り組みやはたらき，つながりに目をつけて，ものごとを見たり，考えたりしてみよう）です。

A・B・C社の3社とも共通して，地理的な見方・考え方，歴史的な見方・考え方，現代社会の見方・考え方について示しています。A社・B社はそのほかにも社会的事象の見方・考え方を示しています。ここでは見方・考え方をまとめて説明しているページを取り上げましたが，各社とも，単元の中で社会的事象に関する見方・考え方を働かせる重要な場面で具体的に記述があります。それを生かし，授業をすることによって，社会的な見方・考え方が育てられるような工夫がされていますので，活用したいものです。

第3学年

1 新教科書は こう変わった！

　第3学年の新教科書はどう変わるのでしょうか。新教科書の特徴を新学習指導要領の改訂のポイントをふまえて確認していきましょう（図1）。

ポイント1	中学年が第3学年，第4学年と分けて示されるようになった。

　中学年社会科の最大の変更ポイントは，これまで第3・4学年併せて示されていたものが第3学年，第4学年別々に示されたことです。

　1998（平成10）年度版学習指導要領から20年間，中学年社会科は2学年併せて示されてきました。学校の置かれた地域環境に合わせ，柔軟に地域学習を計画・実施できるようにとのことだったのですが，学校現場ではそれほど好評ではなかったようです。

　学校ごとにその地域に合わせた社会科カリキュラムをつくっていくというのは，社会科を研究している教師にとっては魅力的でありましたが，小学校の現場には，どの学校にも社会科を研究している教師がいるわけではないのです。

　自校に社会科に詳しい教師がいなければ市区町村の副読本に頼ることになるわけですが，市区町村の副読本はその地域で採択されている教科書を手本に作られています。教科書は「3・4年上」，「3・4年下」という形で，多くは3年生の4月，4年生の4月に配付されますので，教科書会社が第3学年の内容をどうするかに左右されたのです。そうなってくると，学習指導要領の趣旨は生かされず，むしろ副読本・教科書を軸に展開する現場の実態とのズレのほうが問題となります。

図1　第3学年　新教科書はどう変わるのか

3年

(1)【知識及び技能】
身近な地域や市区町村の地理的環境，地域の安全を守るための諸活動や地域の産業と消費生活の様子，地域の様子の移り変わりについて，人々の生活との関連を踏まえて理解するとともに，調査活動，地図帳や各種の具体的資料を通して，必要な情報を調べまとめる技能を身に付けるようにする。

(2)【思考，判断，表現力等】
社会的事象の特色や相互の関連，意味を考える力，社会に見られる課題を把握して，その解決に向けて社会への関わり方を選択・判断する力，考えたことや選択・判断したことを表現する力を養う。　（4年と共通）

次のとおり資質・能力を育成することを目指す。

社会的事象の見方・考え方を働かせ，学習の問題を追究・解決する活動を通して，

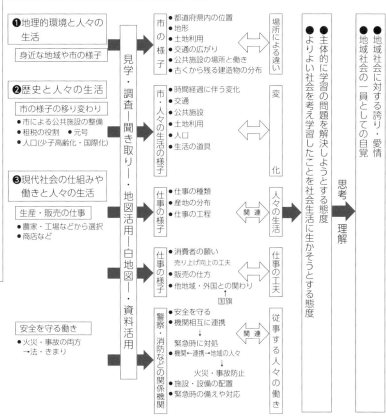

❶地理的環境と人々の生活
　身近な地域や市の様子

❷歴史と人々の生活
　市の様子の移り変わり
　●市による公共施設の整備
　●租税の役割　●元号
　●人口（少子高齢化・国際化）

❸現代社会の仕組みや働きと人々の生活
　生産・販売の仕事
　●農家・工場などから選択
　●商店など

安全を守る働き
　●火災・事故の両方
　　→法・きまり

見学・調査─聞き取り─地図活用─白地図─資料活用

市の様子
　●都道府県内の位置
　●地形
　●土地利用
　●交通の広がり
　●公共施設の場所と働き
　●古くから残る建造物の分布

場所による違い

市・人々の生活の様子
　●時間経過に伴う変化
　●交通
　●公共施設
　●土地利用
　●人口
　●生活の道具

変化

仕事の様子
　●仕事の種類
　●産地の分布
　●仕事の工程

人々の生活

関連

仕事の様子
　●消費者の願い
　　売り上げ向上の工夫
　●販売の仕方
　●他地域・外国との関わり
　　国旗

仕事の工夫

警察・消防などの関係機関
　●安全を守る
　●機関相互に連携
　　緊急時に対処
　●機関←連携→地域の人々
　　火災・事故防止
　●施設・設備の配置
　●緊急時の備えや対応

従事する人々の働き

関連

●主体的に学習の問題を解決しようとする態度
●よりよい社会を考え学習したことを社会生活に生かそうとする態度

思考・理解

●地域社会に対する誇り・愛情
●地域社会の一員としての自覚

(3)【学びに向かう力，人間性等】
社会的事象について，主体的に学習の問題を解決しようとする態度や，よりよい社会を考え学習したことを社会生活に生かそうとする態度を養うとともに，思考や理解を通して，地域社会に対する誇りと愛情，地域社会の一員としての自覚を養う。（4年と共通）

※❶〜❸は学習順ではなく，中学社会科の分野を参考に内容で分類し便宜的に番号を振った。

私も学校現場では第3・4学年併せて示されている社会科についての疑問や戸惑いの声を多く聞きました。何を教えたらよいのか戸惑う現場の声に応えて今次の改訂となったのであろうと思われます。ただ私は地域の実態に合わせ柔軟な社会科カリキュラムを組める魅力が失われてしまったことが残念でなりません。

　今回の改訂で3年の学習内容となったのは以下の4点です。

① 　身近な地域や市区町村の様子

② 　地域に見られる生産や販売の仕事

③ 　地域の安全を守る働き

④ 　市の様子の移り変わり

ポイント2　身近な地域や市区町村の様子の学習は市区町村に重点がかかった。

　これまで，中学年社会科は第3・4学年をまとめて示されていました。

　第3学年の社会科は，学校のまわりの学習から始まります。学校のまわりを実際に歩きながら，社会科の基本を学んでいくのですが，身近な地域の学習よりも，学校がある行政区分である市区町村の学習に重点を置くようになったのです。

　改訂の中の議論で聞こえてきたのは，社会科のスタートカリキュラムであった学校の周囲の地域の学習を生活科に移し，第3学年社会科のスタートでは市区町村に重点を移すというものでした。たしかに生活科でも地域に出て学習活動を展開します。しかし，学習の重点が異なるのです。そこを調整してということだったのでしょうが，うまく調整がつかなかったのでしょうか。

　いきさつはどうであれ新学習指導要領では，子どもに最も身近な地域よりも市区町村の学習に重きを置くようになっています。平成の大合併後の市区町村の領域は広域となっています。子どもたちの生活範囲を超えているところも多くあります。地域によっては子どもたちが実際の生活の中で行動する

範囲でないところも多いのではないでしょうか。

ポイント3	地域の安全を守る働き（警察や消防など）が第3学年に位置づけられ，火災か事故に重点をかけることになった。

　これまでは第3学年で扱うか，第4学年で扱うかは，実践する側に委ねられていましたが，教科書では3・4年の下巻（第4学年）で扱われていたため，ほとんどの場合第4学年で扱われていた内容です。内容の取り扱いも，火災，風水害，地震などの中から選択して取り上げるようになっていましたが，火災を取り上げることに改められました。今回の改訂では，火災と事故は両方とも取り上げられることになり，いずれかに重点をかけて効果的な指導をするように求められています。

　警察や消防は都道府県単位で組織され運営されているので，市区町村中心に展開してきた第3学年でなく，都道府県を対象とした第4学年で扱われてきました。これからは第3学年で取り扱うので，これまでと異なる扱い方をする必要があるでしょう。

ポイント4	道具の変化を通じてくらしの移り変わりを学ぶことから市の様子の移り変わりへ。

　これまで第3学年では人々の生活の変化を，道具の変化を媒介に学んできました。今回の改訂では，小学校から高校までの社会科の一貫性が検討され整理されています。学び方に中学校・高校で多く見られる，概論から各論へ，概観・全体から個別・具体へという学び方が小学校にも導入されています。

　小学校の社会科では，これまで子どもたちの認識の傾向に合わせて，具体から抽象へ，個別から全体へと展開してきました。この方向とある意味逆に設定されているのが，この単元です。多くの反対意見があり，道具の変化で時間の経過をとらえさせることは残りましたが，市の様子の移り変わり，す

なわち市の変化を概観する学習が重点となりました。市の様子の移り変わり
は，交通や公共施設，土地利用や人口，生活の道具を調べるようにとなって
います。

　人口を取り上げる際には，少子高齢化，国際化などに触れることが示され
ていますが，3年生には難しい内容に思えます。また，市が公共施設の整備
を進めてきたことを取り上げる際には租税の役割に触れることとなっていま
す。時期区分について昭和，平成などの元号を用いた表し方を取り上げると
もしています。

ポイント5 他地域・外国とのつながりを学ぶため地図帳が3年生
から配付される。

　第3学年に教科書「地図」，すなわち地図帳が配付されます。第3学年の
学習内容の生産や販売の仕事のところで，他地域や外国との関連をとらえさ
せる学習内容が設定されているからです。

　これまでも生産や販売の仕事で国内の他地域や外国との関連について学
習する内容がありましたが，その際に利用する地図が子ども一人ひとりには
与えられていませんでした。掛け図などで対応していましたが，その不備を
補うための配付です。

　ただ3年生で配付された地図帳を4年生以降も使い続けることの問題も
あります。たとえば第5学年，第6学年で利用するときには，掲載されて
いる統計資料は古いものになってしまうでしょう。

2 新教科書の授業はこうする！

　第3学年は学習指導要領が大きく変わりました。中学年の扱い方の変更によるものと，社会科全体を通しての扱い方によるもので，教科書では第1単元，最終単元になっているものです。そこを重点にしながら，教科書の変化と授業実践について考えていきたいと思います。

身近な地域の学習をどこから始めるか

(1) 新教科書はここが変わった

　社会科のスタートカリキュラムともいえる第3学年の第1単元，身近な地域の学習はどう変わったのでしょうか。次ページの表1を見てください。

　A社では福岡市を事例に，学校のまわりに6ページ，市の様子に20ページを設定しています。学校のまわりの学習を極力抑え，市の様子の学習に重点を置く，ある意味学習指導要領に最も準拠した構成になっています。

　B社では横浜市を事例に，まちの様子に12ページ，市の様子に22ページを設定しています。市の様子の学習に重点は置くものの，子どもの実態に応じて，まちの様子の学習についても，改訂前よりはページ数は減っていますが，丁寧に調べる構成となっています。

　C社では姫路市を事例に，校区（学区）がどこの市にあり，市のどこに位置するのかを確認するような構成の導入ページを4ページ設け，その後の市の様子に22ページを設定しています。ただし，市の様子の中に学校のまわりを調べるページを6ページ設けているので，学校のまわりの地域の学習を軽視しているわけではありません。

　このように見ていくと，学校のまわりの地域，すなわち校区の学習に一番

表1　第3学年の教科書単元一覧

◎配当時間とページ数は、各社公開の年間指導計画作成の資料による。
単元ページ数には配当時間がないものも含む。なお、総ページ数はノンブルによる。

A社 (全70時間, 総148ページ)			
大単元名	小単元名	配当時間	ページ数
1　わたしのまち みんなのまち (全16時間, 30ページ)	オリエンテーション	1	2
	○学校のまわり	3	6
	1　市の様子※ひろげる含む。	12	22
2　はたらく人とわたしたちのくらし (全28時間, 56ページ)	オリエンテーション	1	2
	1　農家の仕事／工場の仕事 [選択]	11	14／14
	2　店ではたらく人※ひろげる含む。	15	24
	いかす (第2単元全体)	1	2
3　くらしを守る (全15時間, 30ページ)	オリエンテーション	1	2
	1　火事からくらしを守る	7	14
	2　事故や事件からくらしを守る	6	12
	いかす (第3単元全体)	1	2
4　市のうつりかわり (全11時間, 22ページ)	オリエンテーション	1	2
	1　市の様子と人々のくらしのうつりかわり ※ひろげる含む。	10	20

B社 (全70時間, 総172ページ)			
大単元名	小単元名	配当時間	ページ数
1　わたしたちのまちと市 (全17時間, 38ページ)	オリエンテーション	1	2
	1　まちの様子	6	12
	2　市の様子※ひろげる含む。	10	24
2　はたらく人とわたしたちのくらし (全20時間, 50ページ)	オリエンテーション	1	2
	1　店ではたらく人と仕事※つなげる含む。	11	20
	2　工場ではたらく人と仕事／農家の仕事 [選択] ／ひろげる	8	14／12 ／2
3　地いきの安全を守る (全17時間, 34ページ)	オリエンテーション	1	2
	1　火事からまちを守る※つなげる含む。	9	18
	2　事故や事件からまちを守る	7	14
4　わたしたちの市の歩み (全16時間, 32ページ)	オリエンテーション	1	2
	1　かわる道具とくらし	6	12
	2　市のうつりかわり※つなげる含む。／ひろげる	9	16／2

C社 (全70時間, 総158ページ)			
大単元名	小単元名	配当時間	ページ数
1　わたしたちの住んでいるところ (全17時間, 34ページ)	オリエンテーション	1	4
	1　わたしたちの住んでいる市のようす	16	28
2　わたしたちのくらしとまちではたらく人びと (全21時間, 48ページ)	オリエンテーション	2	4
	1　工場ではたらく人びとの仕事／畑ではたらく人びとの仕事 [選択]	7	10／10
	2　店ではたらく人びとの仕事	12	22
3　安全なくらしを守る (全16時間, 34ページ)	オリエンテーション	1	2
	1　安全なくらしを守る人びとの仕事	15	30
4　市のようすとくらしのうつりかわり (全16時間, 32ページ)	オリエンテーション	1	2
	1　うつりかわる市とくらし	15	28

力を入れた構成になっているのは，ページ数の観点からするとＢ社，Ｃ社，Ａ社の順となり，学習指導要領への準拠度はある意味逆になるのかもしれません。これまでの社会科実践からすると，校区の学習はその後の学習の基盤をつくっています。第3学年の学習が副読本を中心に展開することが多いことを考えても，気になる点です。

(2) やはり大切にしたい，校区の学習

　学習指導要領改訂で，校区よりも市の概況の学習に重点がかかったのは，地域の安全を守る諸活動が第3学年に入ったことによるのかもしれません。

　これまでの教科書では，第4学年で扱われることが多かったのですが，今回の改訂で第3学年に位置づけられました。事情はともあれ，市区町村を重点にとはいいつつも，校区のような身近な地域の学習はおろそかにできないと考えている先生は多いことだと思いますし，私もそう考えます。

　子どもとともに身近な地域である校区を歩きます。上り坂や下り坂を歩きながら土地の起伏を体感します。農地，住宅街，商業地などを歩きながら，人々がどのように土地を利用しているのかを実感します。今まで見過ごしていたものやことを，社会科学習で地域を調べることによって再発見し，その意味や役割を理解することも多いでしょう。疑問が生じた際に，身近な地域であれば再び調べに行くこともできます。

　このような実体験が，その後，写真や地図，資料を見たときに「あっ，あのときに見た○○に似ているものだな」などと考えるもとになるのです。ですから，Ａ社教科書のように，ある意味学習指導要領により忠実にページ構成した教科書通りに学習を進めるのはどうなのでしょうか。Ａ社の旧版やＢ社・Ｃ社のように校区の学習も大切にして展開したほうがよいのではないかと思います。

　平成の大合併で市区町村は大規模化しています。中学年の児童の生活範囲を遙かに超えて広域な自治体も多く存在します。それらについて学ぶとき，間接的な資料での学習を，子どもの実感に近づけるのは校区の学習です。副読本の作成・利用などに際しても，この点を留意したいものです。

② 地域の生産や販売の仕事で他地域・外国とどうつなげるか

（1）新教科書はここが変わった

　これまでも内容として設けられていましたが，今回の教科書「地図」（地図帳）の配付によって教科書はどう変わったでしょうか。

　A社では巻頭に1ページを使って「地図帳を使おう」というページを設けています。学習の際に話題となった土地が，どこにあるかな，どんな様子かな，どんな物があるかな，ほかのところも見てみよう（まわりの市や県，日本のまわりの国との関係）として，自分たちの住む市区町村の位置や地形，ランドマークになる公共施設など，そして国内の他地域や外国を調べられるようにとの示唆があります。ただし，実際の対象ページでは地図帳への示唆はありません。

　B社は巻末に「じょうほうを読み取る　地図帳を使って調べよう」と題する2ページを設け，地図帳の一般的な利用方法について示していますが，対象となるページに地図帳に関する示唆はありません。

　C社も巻末に「学び方・調べ方コーナー　地図帳の使い方」と題する2ページを設け，地図帳の一般的な利用方法を示していますが，対象となるページ

図2　菓子の製造と販売（福岡市）

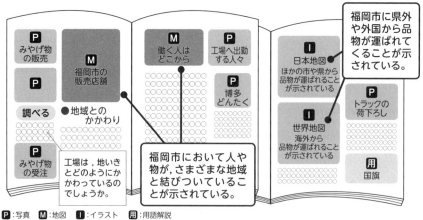

P：写真　M：地図　I：イラスト　用：用語解説
※A社62-63ページ，81ページをもとに作成。

に地図帳に関する示唆はありません。

　3社ともに，対象となる単元のページにはそれぞれ具体的な地図を掲載していて，地図帳活用の示唆はないのですが，特設ページで地図帳の利用について示すという構成になっています。A社は一般的な地図帳の利用方法（索引の利用など）については示していませんが，学習の中でどのように地図帳を利用すればよいのかがわかる構成になっており，B・C社の一般的な地図帳利用の方法を示すところからは一歩踏み込んだ記述となっていると見ることができるかもしれません。

（2）自分の家の買い物から考える

　地域の生産や販売の仕事は，長らく行われてきた定番の単元です（図2）。販売の仕事であれば，実際に地域のスーパーマーケットやコンビニエンスストアなどへ見学に行って，お店の様子を調べ，そこから販売のための工夫や努力について考えていきます。

　この活動を行う前に，一定期間を設定して，自分の家ではどのような買い物をしているのかを調べるとか，自分の家の献立を調べて，その食材はどこで買ったのかを調べるといった導入の活動を設定しています。この導入の活動ではどの店で買っているかが重点になっていますが，併せて何を買っているか，その品物はどこで作られているのかについても調べるようにしておくとよいでしょう。

　この活動は，取り組み方によっては家庭の経済状況や嗜好などのプライバシーが明らかになってしまう場合があります。まずは保護者に向けて，この学習の意義や行う調査活動の目的を保護者会や通信などで伝え，協力可能な情報を提供してもらって調査活動が展開できるようにしておくことが重要です。

図3　スーパーマーケットの食品ラベル

| バーコード | 500円 |
| | 税込 550円 |

宮城県産
銀鮭（養殖：解凍）　3切
消費期限　20.9.3
加工年月日　20.9.1

↑消費期限を表す日づけ

池〇
永〇
秀〇
雄〇

ピ
ー
マ
ン

↑作った人の
　名前が
　わかるシール

スーパーマーケットで購入した食材などには，商品の情報を表示したラベルが貼られていることが多いものです（図3）。そのラベルを集めさせ，ノートに貼っておくと，導入時はお店のことだけを取り上げても，単元の後半で，他地域・外国とのつながりを考えるところで単元はじめに集めたラベルを見て，食材などがどこでとられて運ばれてきたのか，改めて調べることができます。一度集めて調べたものも，改めて視点を変えて調べることができるという体験は，資料活用に対する考え方を深める効果もあるでしょう。

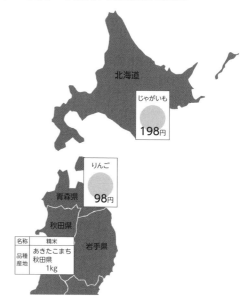

図4　国内から仕入れた農産物の産地

ただ，学級によっては，保護者の理解や協力が得にくい場合もあるのではないでしょうか。その場合は，子どもたちがよく行くといっているスーパーマーケットやお店，見学に行ったスーパーマーケットやお店のチラシをもらってきて，チラシに掲載されている食材の広告部分などを切り取って，その食材の産地を読み取り地図に貼っていくなどすると，自地域が国内の他地域や外国とつながっていることを視覚的にとらえることができるでしょう（図4）。

③ 第3学年におりてきた警察・消防のはたらき

(1) 新教科書はここが変わった

これまで，教科書では第4学年に位置づけられていた警察や消防の学習は，新学習指導要領で示されたため各社，第3学年に掲載されています。学年

が1つ下がって，教科書は変わっただろうかと見てみました。各社とも導入のページには，大きな写真や絵図などを使って，子どもの興味を引き出す工夫をしていました。

図5　消防・警察のはたらき（A社）

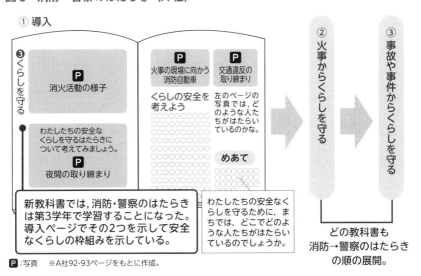

P：写真　※A社92-93ページをもとに作成。

　これらの工夫の中で，目についたのはC社のページです。
　C社も導入のページに大きな写真を使って子どもの興味を引きつける工夫をしていますが，火災の発生件数や事故の発生件数のグラフを，これまでの通常の棒グラフから絵グラフのようなグラフになれていない子どもも数値を読み取りやすいグラフに変えています。統計資料の読み取りに関するつまずきは，社会に対する苦手意識を高めてしまいますからC社のような工夫は必要です。
　ただ，A社は別ページ，B社は消防の単元で棒グラフを示した同じページ内で棒グラフの読み取り方を説明するコラムを設けていますので，そこを活用しながら指導することもできます。

図6　消防・警察のはたらき（B社）

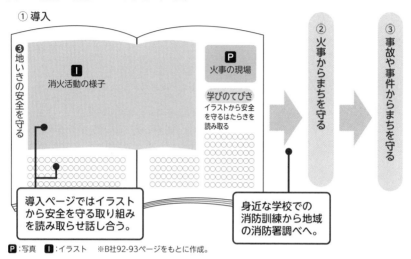

① 導入

❸ 地いきの安全を守る

Ⅰ 消火活動の様子

P 火事の現場

学びのてびき
イラストから安全を守るはたらきを読み取る

導入ページではイラストから安全を守る取り組みを読み取らせ話し合う。

身近な学校での消防訓練から地域の消防署調べへ。

② 火事からまちを守る

③ 事故や事件からまちを守る

P：写真　　Ⅰ：イラスト　　※B社92-93ページをもとに作成。

図7　消防・警察のはたらき（C社）

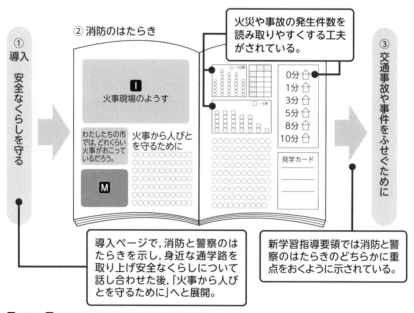

① 導入　安全なくらしを守る

② 消防のはたらき

火災や事故の発生件数を読み取りやすくする工夫がされている。

Ⅰ 火事現場のようす

わたしたちの市では、どれくらい火事がおこっているだろう。

M

火事から人びとを守るために

○…10件

□…1件

0分
1分
3分
5分
8分
10分

見学カード

導入ページで, 消防と警察のはたらきを示し, 身近な通学路を取り上げ安全なくらしについて話し合わせた後, 「火事から人びとを守るために」へと展開。

新学習指導要領では消防と警察のはたらきのどちらかに重点をおくように示されている。

③ 交通事故や事件をふせぐために

M：地図　　Ⅰ：イラスト　　※C社94-95ページをもとに作成。

(2)「公助」とともに「共助」のはたらきを

教科書の導入は事例として取り上げた地域の事故や火災の様子でした。これと同様なものを，自分の地域の資料に置き換えることができるとよいでしょう。

実際に市区町村で作成されている副読本などでは地域で起こった事故や火災が導入で示されているものを多く見かけます。まずは学習を子どもにとって身近なものとするために地元の新聞や，役所の広報資料を地域の公共図書館で探して導入教材を作りましょう。郷土資料は公共図書館の得意とするところです。レファレンスを利用し，資料を探す手助けをしてもらいましょう。

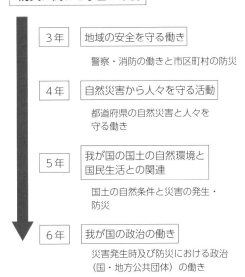

図8　各学年の防災学習の重点一覧

防災に関わる学習の系統

3年　地域の安全を守る働き
　　　警察・消防の働きと市区町村の防災

4年　自然災害から人々を守る活動
　　　都道府県の自然災害と人々を守る働き

5年　我が国の国土の自然環境と国民生活との関連
　　　国土の自然条件と災害の発生・防災

6年　我が国の政治の働き
　　　災害発生時及び防災における政治（国・地方公共団体）の働き

地元の資料で問題意識を高め，ぜひとも実際に交番や警察署，消防署に見学に行きましょう。実体験は子どもたちの学習意欲をいっそう高めてくれます。新学習指導要領では警察か消防か，いずれかに重点をかけるようにとなっています。地域の実態に応じてどちらに重点をかけるのか決めるようにしましょう。

交通事故の多い地域では警察を，火事や気象災害などの多い地域では消防に重点をかけるとよいと思います。とくに防災については，今回の学習指導要領ではすべての学年で扱うことになっています。各学年の重点を押さえた指導が重要になります（図8）。

第3学年では関係機関や地域の人々と協力して防災にあたっていることが重点です。たとえば消防であれば消火活動に際しては交通整理などで警察

と，傷病者の搬送に関しては病院と，火災の拡大を防ぐためには電気やガスなどの供給事業者と協力しています。また，火災による被害拡大を防ぐために，放送局などで情報を発信してもらったりもしています。

　このような「公助」のほかに，地域の人々による防災の取り組みなどの「共助」や各自で行う「自助」の取り組みによって，災害を防いだり，被害を少なくしたり（減災）しています。授業では警察署や消防署のような「公助」はもちろんですが，「共助」のはたらきを取り上げたいものです。

　消防団や自治会の活動で活躍する大人の姿に，直に接する学習場面をつくりましょう。消防団の活動などは公助ではありますが，共助の性格も併せもつものです。消防団員は本業である仕事をもちながら，火災があった際には消火にあたったり，消防官・消防士たちの消防活動を支援・補助したりしています。また，自治体などの地域の防災活動にも大きく関わっています。

　地域の安全のために，汗を流す大人の姿に，子どもたちは感動し，地域への愛着を深めます。中学年の目標である地域社会に対する誇りと愛情，地域社会の一員としての自覚を養うことは容易ではありませんが，そのような誇りと愛情をもっている人，自覚をもっている人に出会い，その人たちに共感することによって誇りや愛情をもってくれるのではないでしょうか。

　社会科の目標に示された情意面を育てることは容易ではありません。心を育てることはある意味，祈りではないでしょうか。しかし，ただ祈っていても仕方がありません。私たちが子どもたちにこうなってほしいと思い描く姿を体現している人々に出会わせ，その人々に関心を寄せるような学習を構成することによって，祈りを強めることができるのではないかと思います。

　地域には私たち大人も憧れる人がたくさんいます。地域の学習の基礎は，まず教師が地域をよく知り，そういった人々に出会うことではないでしょうか。

> **まとめ**
> ● 消防署見学や消防に携わる人をゲストティーチャーに招くなどしましょう。
> ● 公助も大切ですが，共助の視点を忘れずに展開しましょう。

市の移り変わりをどう身近にとらえるか

（1）新教科書はここが変わった

　この単元は学習指導要領の記述が大きく変わりましたので，教科書も大きく変わっています。

　Ａ社は小単元を一つにして市の様子の移り変わりを中心に展開し，小単元の終わりのまとめの前に2ページを設け，道具の移り変わりを学習する構成となっています。大単元の導入は町の移り変わりをイラストの資料から読み取り，小単元で駅前の移り変わりを写真から読み取るという導入です。

図9　市の移り変わり（A社）

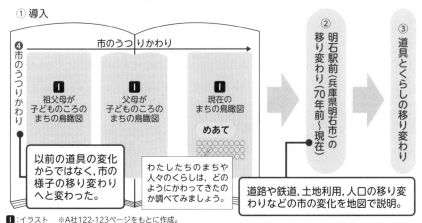

■：イラスト　※A社122-123ページをもとに作成。

　Ｂ社は大単元の導入は町の昔の様子のイラストを用いているもので，その次のページの小単元は道具の移り変わりからくらしの変化をとらえる単元が始まり，これまでの実践の蓄積が生かせる展開になっています。

　その次の単元で，市の移り変わりを扱い，前単元末に作成した道具とくらしの移り変わり年表を下敷きに市の移り変わりを学習する構成になっています。小単元の導入はＡ社同様，駅前の昔と今の写真から入ります。

　Ｃ社はＡ社と同じ構成で，市の移り変わりを中心とする小単元構成です。

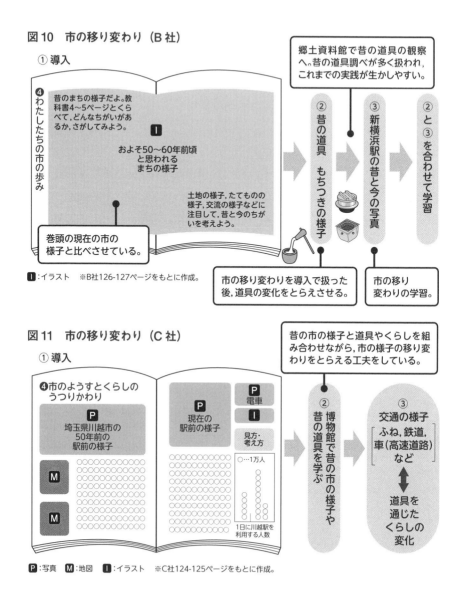

図10 市の移り変わり（B社）

① 導入

❹わたしたちの市の歩み

昔のまちの様子だよ。教科書4～5ページとくらべて、どんなちがいがあるか、さがしてみよう。

Ⅰ

およそ50～60年前頃と思われるまちの様子

土地の様子、たてものの様子、交流の様子などに注目して、昔と今のちがいを考えよう。

巻頭の現在の市の様子と比べさせている。

■：イラスト　※B社126-127ページをもとに作成。

郷土資料館で昔の道具の観察へ。昔の道具調べが多く扱われ、これまでの実践が生かしやすい。

② 昔の道具　もちつきの様子

③ 新横浜駅の昔と今の写真

② と③を合わせて学習

市の移り変わりを導入で扱った後、道具の変化をとらえさせる。

市の移り変わりの学習。

図11 市の移り変わり（C社）

① 導入

❹市のようすとくらしのうつりかわり

P 埼玉県川越市の50年前の駅前の様子

M

M

P 現在の駅前の様子

P 電車
Ⅰ
見方・考え方

○…1万人

1日に川越駅を利用する人数

P：写真　**M**：地図　**Ⅰ**：イラスト　※C社124-125ページをもとに作成。

昔の市の様子と道具やくらしを組み合わせながら、市の様子の移り変わりをとらえる工夫をしている。

② 博物館で昔の市の様子や昔の道具を学ぶ

③ 交通の様子
ふね、鉄道、車（高速道路）など
↕
道具を通じたくらしの変化

　駅前写真の導入はA社，B社と同じですが，小単元の導入が博物館に行って昔の町や道具を調べるところから始まり，昔の道具とくらし，市の様子を組み合わせながら市の様子の移り変わりをとらえるような構成となっています。

　A社は学習指導要領の改訂の方向性に忠実に合わせた構成になっていますが，子どもたちの認識の傾向から離れてしまわないか気になります。Ｂ社はこれまでの実践の蓄積を生かし，道具とくらしの変化を物差しにしながら市の変化をとらえるという丁寧な構成です。Ｃ社は新しい試みで，道具とくらしと市の移り変わりを併せて，変化をとらえさせる構成となっています。Ｂ社，Ｃ社は丁寧な展開が考えられていますが，その分指導時数が多くなりそうなところが気になります。新しい単元ですので，どの構成がよいか今後の実践で明らかになっていくだろうと思います。

(2) 市の移り変わりは身近な教材から

　中学年の一番大きな変更点ですので，教科書は各社工夫を凝らしてこの単元を構成しています。まずは，教科書の展開通りにやってみて，子どもたちの様子を見ることになるでしょうか。

　A社は学習指導要領通りの展開と考えてよいでしょう。Ｂ社はこれまでの道具による時間認識の獲得を尺度にして，市の移り変わりを学習していきます。これはこれまでの実践の延長線上にあるので，取り組みやすいのではないでしょうか。Ｃ社は博物館見学を入り口に，これまでの道具の移り変わりによる時間認識の獲得と組み合わせながら市の移り変わりを学習していきます。

　３年生の実態を考えるとA社の展開は難しいかもしれません。Ｃ社の展開は，博物館や郷土資料館が見学可能な地域であることや日程が確保できれば試してみたい展開です。Ｂ社はこれまで実践してきた人には取り組みやすい展開ではないでしょうか。

　まず重要なのは，市の様子の移り変わりを概観できる資料を用意できるかで，これが鍵でしょう。

図12 「市の移り変わり」で扱いたい教材

○50年ほど前と現在とを対比できる市の様子の写真
　※できれば同じ場所を用意したい。

○時間の経過をとらえやすい交通，土地利用，人口，道具など
　※統計資料はわかりやすく加工する。
　※道具などは実物があるとよい。

☆人口減少の問題は否定的な面だけでなく視野を広げて取り上げる。

3社が共通して示しているような50年ほど前と現在を対比できる写真を用意したいものです。地図や統計資料など昔と今を比較する資料はさまざまあるでしょうが，直感的に変化をとらえられる写真がおすすめです。

　時間の経過をとらえさせるのに，新学習指導要領では交通（鉄道や道路の整備）や公共施設，土地利用や人口，生活の道具などを挙げています。それぞれの地域の実態に応じて変化をとらえることに適した教材を準備したいものです（図12）。

　気になるのは人口です。都市部では人口が増加し続けている自治体もありますが，多くの地域では人口は減少しています。この都市化や過疎化（人口減少）をどう考えればよいでしょうか。

　都市化は人口集中によるさまざまな不備を生じさせますが，人口が多いことは解決策の選択肢も多く存在します。人口減少は困った事態で地域の衰退と同義に語られがちです。事実は事実としてとらえなければならないことはもちろんですが，それぞれどのような展望――未来予想図――を示せるかも重要となります。同様の課題を抱えている地域が，どのような展望をもっているのか，自地域だけでなく視野を広げて教材研究することが重要でしょう。人口減少が絶望でなく希望だととらえる人もいるのです。

> **まとめ**
> - 変化がわかりやすく，読み取りやすい資料を準備しましょう。
> - 子どものわかりやすさを大切に展開しましょう。

⑤ 第3学年から始まる地図学習とは

(1) 新教科書はここが変わった

　今回の改訂で，一番大きな変更といえるかもしれません。教科書「地図」すなわち地図帳が3年生から配付されることになりました。理由については30ページで述べたとおりですが，実際の地図帳はどう変わったでしょうか。

地図帳は小学校社会科教科書も出しているＡ社，地図帳の老舗のＢ社の２社から出されています。２社ともこれまでの地図帳より大判になっています。両社の地図帳

表2　各教科書の主な「地図帳の使い方」

出版社	見出し
Ａ社	地図帳を使おう ・場所の調べ方，土地利用，日本の周辺国など
Ｂ社	地図帳を使って調べよう ・土地利用，索引の使い方，地図の見方など
Ｃ社	地図帳の使い方 ・索引の使い方，地図の見方，地図記号など

とも，イラストを多用した地図を配し，３年生から親しんでもらえるような紙面構成にしています。

　Ａ社は，地図帳の見返しが「地図のぼうけんに出発！」と題された子どもたちが興味をもちそうな世界地図から始まって，「発見！わたしたちの日本」という日本列島に各地の特色を表すイラストが配置されています。これは，世界地図と同様です。地図帳の作られ方・使い方に10ページを割き，これまで以上に地図の使い方を丁寧に説明しています。第３学年の第１単元で取り組む地図づくりの参考資料となるでしょう。

　その後の展開は，これまでと同様のものが多いのですが，大判化したため，地図に親しみやすくするためのイラストが多用された構成になっています。新学習指導要領の内容に対応しているところも見逃せません。たとえば第６学年の歴史学習に，世界との関わりの中で日本の歴史をとらえることが新たに入ってきましたが，「日本の歴史　世界とのかかわり」と題するページが４ページほど見受けられ，第６学年での利用を促す構成となっています。

　Ｂ社は見返しページの示唆に「３年生から始まる外国語活動でも地図帳を使ってみよう」として，クイズや，世界の国々ではどのような挨拶をしているのか民族衣装を着た子どものイラストで各国語の挨拶を配した世界地図から始めています。

　Ｂ社の最大の特徴は，タブレットPCの導入を見すえたデジタルコンテンツとの連携でしょうか。各ページに二次元コードが印刷され，関連のデジタルデータが利用できるようになっています。Ｂ社もＡ社以上に地図の作り方・使い方を丁寧に12ページ使って説明しています。新学習指導要領との対応

もよく考えられており，手堅い分布図などを掲載しています。

（2）社会科だけでなく外国語活動などでも使おう

　地域の生産や販売などの単元で，自地域と国内の他地域，外国とのつながりを学習するために第3学年から配付されるようになった地図帳ですが，やはり，そこで使えるほど大縮尺の地図が掲載されているわけではありません。

　たしかに以前の版よりも，各都道府県の都道府県庁所在地周辺の地図は充実したように思えますが，おそらく副読本掲載などの地域の地図のほうが3年生の学習には適切な資料となるでしょう。国内の他地域や外国の名称を調べるのにはたしかによいと思われますが，せっかく地図帳があるのですから，子どもたちにとって新鮮な教科書であり，興味をもってくれるうちに多様な活用をすすめたいです。

　そういう観点からすると，B社が外国語活動での利用を想定しているページを作成しているのが示唆を与えてくれます。外国語活動で話題にする国の特徴が示された地図や時差が示された地図などが掲載されています。このページなどは外国語活動の授業で何度も利用できそうです。

　NIE（教育に新聞を）に取り組んでいる学校などでは新聞記事で触れられている地名を調べる際に活用できます。社会科の学習だけでなく，さまざまな場面での利用が考えられます。社会科の授業で関連しそうなところはもちろん利用したいですが，社会科以外での活用にも目を向けてはどうでしょうか。

> まとめ
> - 3年生から積極的に地図帳を使っていきましょう。
> - 社会科だけでなくさまざまな教科で使えます。
> - 活用の鍵は利用の日常化です。

第4学年

1 新教科書はこう変わった！

2 新教科書の授業はこうする！

①47都道府県の位置と名称が充実した

②エネルギーの学習では，電気・ガスの
　学習から選択

③「自然災害」が独立した防災学習

④4年生の歴史学習は年中行事と文化財

⑤県内の特色ある地域の学習

1 新教科書は こう変わった！

　第4学年の新教科書はどう変わるのでしょうか。新教科書の特徴を新学習指導要領の改訂のポイントをふまえて確認していきましょう（図1）。

> **ポイント1** 中学年が第3学年，第4学年と分けて示されるようになり，それに伴う目標・内容の整理が行われた。

　第3学年でも述べましたが，中学年社会科の最大の変更ポイントは，これまで第3・4学年併せて示されていたものが第3学年，第4学年別々に示されたことです。1998（平成10）年度版学習指導要領から20年間，中学年社会科は2学年併せて示されてきましたが，先述のように学校現場ではそれほど好評ではなかったようです。

　地域の副読本は教科書会社が第4学年の内容をどうするかに左右されたので，2学年併せて示した学習指導要領の趣旨は生かされず，副読本・教科書を軸に展開する現場の実態とのズレのほうが問題となっていました。

　そうした疑問や戸惑いの声に応えて今次の改訂となったのであろうと思われますが，地域の実態に合わせて柔軟な社会科カリキュラムを組める魅力が失われてしまったことは残念です。

　今回の改訂で第4学年の学習内容となったのは以下の5点です。

①県の様子

②人々の健康や生活環境を支える事業

③自然災害から人々を守る活動

④県内の伝統や文化，先人の働き

⑤県内の特色ある地域の様子

図1　第4学年　新教科書はどう変わるのか

4年

次のとおり資質・能力を育成することを目指す。
社会的事象の見方・考え方を働かせ，学習の問題を追究・解決する活動を通して，

(1)【知識及び技能】
自分たちの都道府県の地理的環境の特色，地域の人々の健康と生活環境を支える働きや自然災害から地域の安全を守るための諸活動，地域の伝統と文化や地域の発展に尽くした先人の働きなどについて，人々の生活との関連を踏まえて理解するとともに，調査活動，地図帳や各種の具体的資料を通して，必要な情報を調べまとめる技能を身に付けるようにする。

(2)【思考，判断，表現力等】
社会的事象の特色や相互の関連，意味を考える力，社会に見られる課題を把握して，その解決に向けて社会への関わり方を選択・判断する力，考えたことや選択・判断したことを表現する力を養う。（3年と共通）

実践編｜第**4**学年

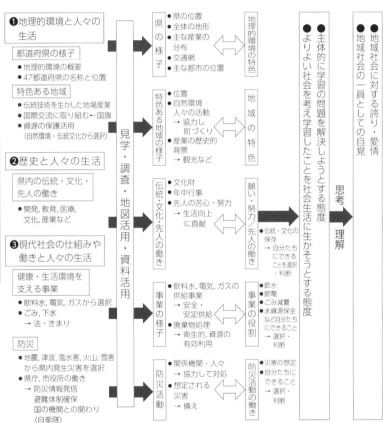

●❶地理的環境と人々の生活

都道府県の様子
●地理的環境の概要
●47都道府県の名称と位置

特色ある地域
●伝統技術を生かした地場産業
●国際交流に取り組む←国旗
●資源の保護活用
　（自然環境・伝統文化から選択）

●❷歴史と人々の生活

県内の伝統・文化・先人の働き
●開発，教育，医療，文化，産業など

●❸現代社会の仕組みや働きと人々の生活

健康・生活環境を支える事業
●飲料水，電気，ガスから選択
●ごみ，下水
　→ 法・きまり

防災
●地震，津波，風水害，火山，雪害から県内発生災害を選択
●県庁，市役所の働き
　→ 防災情報発信
　　避難体制確保
　　国の機関との関わり
　　（自衛隊）

見学・調査・地図活用・資料活用

県の様子
●県の位置
●全体の地形
●主な産業の分布
●交通網
●主な都市の位置

地理的環境の特色

特色ある地域の様子
●位置
●自然環境
　人々の活動
　→ 協力し
　　　町づくり
●産業の歴史的
　背景
　→ 観光など

地域の特色

伝統・文化・先人の働き
●文化財
●年中行事
●先人の苦心・努力
　→ 生活向上
　　に貢献

願い・努力　先人の働き
●伝統・文化の保存
　→ 自分たちにできることを選択・判断

事業の様子
●飲料水，電気，ガスの供給事業
　→ 安全・安定供給
●廃棄物処理
　→ 衛生的，資源の有効利用

事業の役割
●節水
●節電
●ごみ減量
●水資源保全など自分たちにできること
　→ 選択・判断

防災活動
●関係機関・人々
　→ 協力して対処
●想定される災害
　→ 備え

防災活動の働き
●災害の想定
●自分たちにできること
　→ 選択・判断

●主体的に学習の問題を解決しようとする態度
●よりよい社会を考え学習したことを社会生活に生かそうとする態度

●地域社会に対する誇り・愛情
●地域社会の一員としての自覚

思考・理解

(3)【学びに向かう力，人間性等】
社会的事象について，主体的に学習の問題を解決しようとする態度や，よりよい社会を考え学習したことを社会生活に生かそうとする態度を養うとともに，思考や理解を通して，地域社会に対する誇りと愛情，地域社会の一員としての自覚を養う。（3年と共通）

※❶〜❸は学習順ではなく，中学社会科の分野を参考に内容で分類し便宜的に番号を振った。

ポイント2 | 県（都，道，府）の様子の学習内容が，自分たちの県の地理的環境の概要と，47都道府県の名称と位置の2つに分割された。

　今回の改訂で都道府県の様子の学習内容が分割され，47都道府県の位置と名称が独立した項目として示されました。これは47都道府県の位置と名称にこれまで以上に重きが置かれたことを意味していると考えられます。

　これに関連し国語科の学習指導要領の漢字配当表が改訂され，第4学年までにすべての都道府県名を漢字で読み書きできるよう指導することが求められています。特別な漢字の読み方として，茨城，愛媛，大分，大阪，鹿児島，神奈川，岐阜，滋賀，鳥取，富山，奈良，宮城を学習します。

ポイント3 | ごみの減量や水を汚さない工夫など自分たちができることを選択・判断したりできるように求められている。

　新学習指導要領社会科での目玉の一つである選択・判断の場面です。ここでは，生活環境や安全を守る働きの学習での場面設定が示されました。

　中学年の子どもにも考えられるいくつかの選択肢から選択・判断でき，社会に参加・参画ができるよう位置づけられたのだと思います。これまでの実践でも取り組まれてきたことですが，ここで示されることによって重点がかけられたととらえることができるでしょう。

ポイント4 | 4年生での防災の学習の重点は都道府県単位での取り組みと国・自衛隊との関連。

　第3学年では地域の安全を守る働きとして，警察や消防の働きを学習しました。それを受けて第4学年では県庁や市役所などの地域の関係機関が自然災害に対してさまざまな協力をし対処してきたことや，今後想定される災害に対しさまざまな備えをしていることについて学習するとしています。

　ここでは過去に県内で発生した自然災害を取り上げ，関係機関の協力などに

よる災害から人々を守る活動を学習します。防災情報の発信，避難体制の確保などの働き，自衛隊など国の機関との関わりを取り上げることとしています。

ポイント5 　県内の文化財や年中行事の学習は4年に位置づけられ，先人の働きに関する内容に「医療」が加わった。

　これまでも内容としてはありましたが，県内の文化財や年中行事の学習が第4学年に位置づけられました。第3学年が市区町村などの身近な地域の学習で構成され，第4学年が都道府県の学習になったので，都道府県の文化財や年中行事は第4学年になったということなのでしょう。

　内容には大きな変化はありません。先人の働きについては，これまでは「開発，教育，文化，産業など」について貢献のあった人を取り上げることになっていました。これに「医療」が加わりました。もともと「など」があるので，開発，教育，文化，産業以外にも地域の先人を取り上げることができましたが，おおむね開発などの例示された事柄に貢献のあった人物が取り上げられてきました。医療が加わったことにより，地域の医療の発展に貢献した人物を取り上げる事例が見られるようになるのではないかと思われます。

ポイント6 　県内の特色ある地域の学習に伝統や文化などの地域資源を生かすこと，国際交流に取り組んでいる地域が入った。

　都道府県内の特色ある地域の学習はこれまで「自然環境，伝統や文化などの資源を保護・活用している地域を取り上げること。その際，伝統的な工業などの地場産業の盛んな地域を含めること。」とされてきました。これに「国際交流に取り組んでいる地域」が加わりました。

　外国からの研修生・労働者が多く日本に来ています。また観光客も多く訪れるようになっています。国内の国際化は進んでいます。行政や民間での「国際交流」は勿論のこと，多くの外国の方が集まる地域のことなど内なる国際化について扱う可能性も出てきました。

2 新教科書の授業はこうする！

① 47 都道府県の位置と名称が充実した

（1）新教科書はここが変わった

　第4学年の第1単元，県の学習の導入は工夫が凝らされています（表1）。

　A社の第1単元は，「わたしたちの県」で，その単元の導入ページで知っている都道府県の名所や特産物を地図帳などで調べ，確かめる活動を設定し，その次に折り込み6ページで47都道府県に関する学習が設定されています。

　はじめは「日本地図を広げて」として日本地図（行政区分図）が示され，都道府県についてのヒントが書いてあるカードを手がかりにさまざまな都道府県を調べる学習が示唆されています。次に「都道府県の特産品」と題するページがあります。前のページと同様に特産品を視点にしたカードを手がかりに調べる学習として設けられています。このページには各地の特産品のイラストが配された日本地図が示されています。

　最後に「空から日本を見てみると」と題して，日本地図の地形図が示され，地形の特色を視点に都道府県を調べるページとなっています。

　このほかに，教科書会社のウェブサイトに「ビンゴ！都道府県かるた」，「都道府県いくついえるかな？」といったデジタルコンテンツが公開されています。導入ページを含め合計で8ページを設け，活動的に47都道府県の名称と位置と特徴が学べるようになっています。

　B社の第1単元の前に4年の学習の導入ページとして「みりょくがいっぱい！知りたいな，47都道府県」を設け，地図帳を使って都道府県を調べ（視点として特産物と祭りと観光地を提示），それをもとに「47都道府県のクイズ

表1　第4学年の教科書単元一覧

◎配当時間とページ数は，各社公開の年間指導計画作成資料による。
単元ページ数には配当時間がないものも含む。なお，総ページ数はノンブルによる。

A社（全90時間，総180ページ）

大単元名	小単元名	配当時間	ページ数
1　わたしたちの県 （全11時間，24ページ）	オリエンテーション	1	2
	◯日本地図を広げて	2	6
	1　県の広がり	8	16
2　住みよいくらしをつくる （全24時間，44ページ）	オリエンテーション	1	2
	1　水はどこから［ひろげる］電気／ガス	11	18／3／1
	2　ごみのしょりと利用［ひろげる］下水のしょりと利用	12	18／2
3　自然災害からくらしを守る （全10時間，24ページ）	オリエンテーション	1	2
	1　地震からくらしを守る［ひろげる］風水害／火山災害	9	18／2／2
4　きょう土の伝統・文化と先人たち （全22時間，40ページ）	オリエンテーション	1	2
	1　残したいもの　伝えたいもの	9	12
	2　谷に囲まれた台地に水を引く ［ひろげる］学校／医療／文化／産業	12	18／2／ 2／2／2
5　特色ある地いきと人々のくらし （全23時間，36ページ）	オリエンテーション	1	2
	1　すずりをつくるまち・石巻市雄勝町	7	8
	2　国際交流に取り組むまち・仙台市	7	8
	3　美しい景観を生かすまち・松島町／古いまちなみ を生かすまち・登米市登米町［選択］	7	8／8
	いかす（第5単元全体）	1	2

B社（全90時間，総214ページ）

大単元名	小単元名	配当時間	ページ数
広げてみよう，市から県へ　みりょくがいっぱい！知りたいな，47都道府県（全2時間，6ページ）		2	6
1　県の地図を広げて（全7時間，14ページ）※オリエンテーション1ページを含む。		7	14
2　健康なくらしとまちづくり （全29時間，56ページ）	オリエンテーション	1	2
	1　ごみはどこへ	14	24
	2　水はどこから／くらしと電気／ガスはどこから［選択］	13	22／6／2
	つなげる	1	2
3　自然災害にそなえるまちづくり （全10時間，34ページ）	オリエンテーション	1	2
	地震にそなえるまちづくり／水害にそなえるまちづくり ／火山の噴火にそなえて／雪の災害にそなえて［選択］	9	16／12 ／2／2
4　地域で受けつがれてきたもの（全10時間，16ページ）※オリエンテーション1ページを含む。		10	16
5　昔から今へと続くまちづくり（全13時間，30ページ） ※オリエンテーション1ページと選択4事例，計8ページを含む。		13	30
6　わたしたちの県のまちづくり （全19時間，50ページ）	オリエンテーション	1	2
	1　焼き物を生かしたまちづくり 　　［ひろげる］箱根寄木細工／アニメのまち	5	10／2／ 2
	2　昔のよさを未来に伝えるまちづくり／自然を生か 　　したまちづくり［選択］	6	12／10
	3　国際交流がさかんなまちづくり	5	10
	つなげる	2	2

C社（全90時間，総196ページ）

大単元名	小単元名	配当時間	ページ数
1　わたしたちの県 （全8時間，16ページ）	オリエンテーション	1	2
	1　わたしたちの県のようす	7	12
2　健康なくらしを守る仕事 （全25時間，48ページ）	オリエンテーション	1	2
	1　ごみのしょりと活用／下水のしょりと再利用［選択］	13	18／4
	2　くらしをささえる水／わたしたちのくらしと電気 ／わたしたちのくらしとガス［選択］	11	16／4／2
3　自然災害から人々を守る活動 （全14時間，34ページ）	オリエンテーション	1	2
	1　自然災害から命を守る／地震による災害／津波による 災害／火山による災害／雪による災害（雪害）［選択］	13	16／4／ 6／2／2
4　くらしのなかに伝わる願い （全12時間，22ページ）	オリエンテーション	1	2
	1　わたしたちのまちに残る古い建物	5	8
	2　わたしたちのまちに伝わる祭り	6	10
5　地いきの発てんにつくした人々 （全13時間，32ページ）	オリエンテーション	1	2
	1　原野に水を引く／産業をゆたかにする／自然を守る運 動／村の立て直しにつくす／医りょうにつくす［選択］	12	16／4／ 4／2／2
6　わたしたちの住んでいる県 （全18時間，36ページ）	オリエンテーション	1	2
	1　伝統的な工業がさかんな地いき	6	10
	2　土地の特色を生かした地いき／伝統的な文化を守る［選択］	5	10／2
	3　世界とつながる地いき	6	10

実践編　第4学年

大会を開こう！」へと展開しています。調べる動機を高めるために，都道府県に関する写真を18点示しています。調べたことをもとにクイズ大会を開く展開になっているのですが，調べた都道府県について，都道府県の形を描いたカードを作成し，そのカードの裏に都道府県を当てるヒント——調べたことから作成——を書いて，それを使って行うようになっています。クイズ大会の行い方も丁寧に説明されています。また，日本地図は行政区分図が2点示されています。教科書会社のウェブサイトで見られるデジタルコンテンツのリンクもあり，合計で8ページを使って活動的に47都道府県の名称と位置と特色が学べるようになっています。

　C社は，第1単元「わたしたちの県」の導入で「日本の都道府県」という2ページを設け，日本地図（行政区分図）1点，写真5点と教科書会社のウェブサイトで見られるデジタルコンテンツで学習を行うようになっています。C社の扱いは，ページ数で比較するとA社・B社の4分の1となっています。

（2）知識を注入する学習ではなく学習動機を高め活動的に学びたい

　47都道府県に関する知識の中で，その名称と位置は，小学校社会科で学んだ知識が問われる際によく例として挙げられるものではないかと思います。小学生の子どもたちの生活や行動範囲を考えると，名称と位置が記憶に定着し難いのは無理もないことだと思われます。生活の中で獲得しやすい知識ではなく，学習の中で得るしかない知識といえるでしょう。

　4年生の学習では自分の住む都道府県の学習が中心となるので自分の住む都道府県や周辺の都道府県，関係のある都道府県は学習の中で触れる機会はあります。また水道の学習などは，水源をたどると自分の県の外に出ることがあるでしょう。ところが日本全国となるとまた別です。子どもたちの知的好奇心を刺激し，知りたい，覚えておきたいと思わせるような動機をもたせ，楽しく活動的に学ばせることが必要となる単元です。

　知識の定着を過度に重視し，白地図に都道府県名を正しく書き込むドリル学習ばかりに力を入れると，社会科を嫌いになる子どもが増えることでしょ

図2　県の学習への工夫された導入（A社）

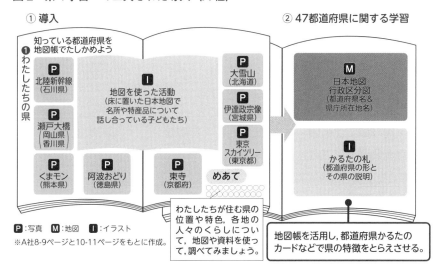

① 導入　　　　　　　　　　　　　② 47都道府県に関する学習

❶ わたしたちの県

知っている都道府県を地図帳でたしかめよう

P 北陸新幹線（石川県）

P 瀬戸大橋（岡山県 香川県）

I 地図を使った活動（床に置いた日本地図で名所や特産品について話し合っている子どもたち）

P くまモン（熊本県）

P 阿波おどり（徳島県）

P 東寺（京都府）

めあて

P 大雪山（北海道）

P 伊達政宗像（宮城県）

P 東京スカイツリー（東京都）

M 日本地図 行政区分図（都道府県名＆県庁所在地名）

I かるたの札（都道府県の形とその県の説明）

わたしたちが住む県の位置や特色，各地の人々のくらしについて，地図や資料を使って，調べてみましょう。

地図帳を活用し，都道府県かるたのカードなどで県の特徴をとらえさせる。

P：写真　M：地図　I：イラスト
※A社8-9ページと10-11ページをもとに作成。

図3　県の学習への工夫された導入（B社）

●導入（折り込みを使い実質8ページでの構成）

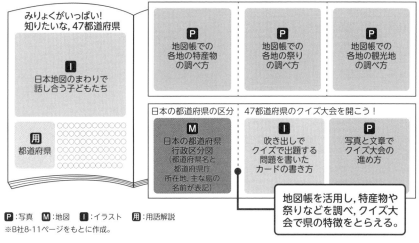

みりょくがいっぱい！知りたいな，47都道府県

I 日本地図のまわりで話し合う子どもたち

用 都道府県

P 地図帳での各地の特産物の調べ方

P 地図帳での各地の祭りの調べ方

P 地図帳での各地の観光地の調べ方

日本の都道府県の区分　｜　47都道府県のクイズ大会を開こう！

M 日本の都道府県 行政区分図（都道府県名と都道府県庁所在地，主な島の名前が表記）

I 吹き出しでクイズで出題する問題を書いたカードの書き方

P 写真と文章でクイズ大会の進め方

地図帳を活用し，特産物や祭りなどを調べ，クイズ大会で県の特徴をとらえる。

P：写真　M：地図　I：イラスト　用：用語解説
※B社8-11ページをもとに作成。

う。

　A社・B社の教科書の導入は参考になります。写真で子どもの興味を引き，視点を定めて全国の都道府県を調べ，ゲームやクイズ大会で興味を広げていく活動は有効です。この学習活動を可能にするためには，教科書や資料集だ

実践編｜第**4**学年

けでなく学校図書館などに関連資料を整備しておくことが重要です。

●**学校図書館の活用を**

私もそんな問題意識をもとにいくつかの学校図書館向けの書籍を企画・監修してきました（たとえば『都道府県ふるさとじまん図鑑』[2018年,学研プラス]）。

図4　教科書会社各社のデジタルコンテンツ

東京書籍(A社)　　　教育出版(B社)　　　日本文教出版(C社)

(2020年9月1日確認)

> 都道府県かるたや都道府県の形あてクイズなど
> ゲーム的に学べるコンテンツなど。

資料が校内にあるものだけでは足りないようであれば，公共図書館から団体貸し出しを受けることもできます。社会科学習の対象が広がるにつれ，直接調べに行くことが難しい地域のことも学習しますから，学校図書館の資料整備は考えておきたいところです。

また教科書会社各社ではゲームのようにして学べるデジタルコンテンツも用意されています。2019年から児童用デジタル教科書の使用も認められましたので，タブレットPCなどの整備が進めば，子どもたちが手軽にインターネットに接続し，デジタルコンテンツを利用して学習を進めることも可能になってきます。2019年末より始まったGIGAスクールの取り組みで，タブレットPCなども多く学校に入ることでしょう。本単元についても教科書会社各社は，47都道府県を楽しく学べるデジタルコンテンツをウェブサイトで公開しています。使用している教科書会社のデジタルコンテンツはもとより，ほかの教科書会社のデジタルコンテンツも使用できます（図4）。リンク集を作るなどして学習環境の整備をしておきたいものです。

このほか，日本全国に関心を向けられるように新聞記事を紹介する常時活動に取り組んでみてはどうでしょうか。

●**新聞記事も活用しよう**

日本の子どもの読解力の低下が取り沙汰されていますが，子どもの読書機

会も減少しています。また教師による読書のすすめも弱まっている状態です。情報化の進んだ現代では，読書とは物語の本を読むだけでなく，あらゆるテキストを読むことだと考えるべきです。

　新聞記事を読むことは読書の習慣を形成するために大いに役立ちます。現在，新聞は国が予算をつけていますので全国のほとんどの学校で購入されています。日直など，当番を決めて新聞記事を紹介し，スピーチをする言語活動に取り組んでいる実践を多く聞きます。その際に，取り上げた記事に関連した地名を地図帳で調べ，日本地図に書き込む活動をしてみてはどうでしょうか。さまざまな都道府県に目を向ける機会が増えることでしょう。

　そのほかにもいろいろな工夫が考えられます。このような学習を続けていくと言語能力も高まり，5年生の国土の学習などにも興味をもって取り組めることになるでしょう。

> **まとめ**
> - 子どもの好奇心を刺激し活動的に学べるよう学習活動を工夫しましょう。
> - 全国の都道府県が話題にのぼるような常時活動に取り組みましょう。

② エネルギーの学習では，電気・ガスの学習から選択

（1）新教科書はここが変わった

　A社は大単元「住みよいくらしをつくる」の「1　水はどこから」の学習を発展させる位置づけである「ひろげる　くらしをささえる電気」，「ひろげる　くらしをささえるガス」が設けられています。旧版では電気だけでしたが，電気3ページ，ガス1ページとガスが加わりました。

　B社は大単元「健康なくらしとまちづくり」の「2　水はどこから」の選択として「2　くらしと電気」，「ガスはどこから」が設けられています。旧版では「くらしと電気」の「もっと知りたい」に京都府長岡京市のLED街灯のコラムのみだったので，ガスに関するページが増えたことになります。

　C社は大単元「健康なくらしを守る仕事」の「2　くらしをささえる水」

の選択として「わたしたちのくらしと電気」，「わたしたちのくらしとガス」が設けられています。旧版では「わたしたちのくらしをささえる電気」（4ページ）だったので，ガスに関するページが増えました。

東日本大震災以降，学習指導要領の例示通りに電気やガスが教科書紙面に掲載されるようになりました。原子力発電についてリスクがあること，事故の危険性については全社触れられていますが，原子力発電所の事故についてコラムを設けて触れているのはB社のみです。事故からすでに10年近くの年月が経とうとしています。繊細な問題だけに，具体的な原子力発電の特徴や原子力災害について触れたコラムが検定に合格した教科書にあることは学校で扱う際に役に立つと思われます。

（2）社会問題に関心をもち，主体的に考える学習を

健康や生活環境を支える事業については，2011年3月11日の東日本大震災に伴う原子力災害以降，各社で掲載されるようになっています。

教科書を調べてみると，電力供給源の利点・欠点としてあらゆる発電方式が触れられ紹介されていますが，原子力災害の問題は今回の改訂でトーンダウンしている感は否めません。

しかしながら，新しい生活様式のもと，くらしの電気への依存度はますます高まっており，エネルギー問題は私たちのくらしを支える大きな問題で重要度は増しています。電気は目に見えないため，子どもたちにとっては抽象度の高いものになりますが，くらしのさまざまな場面で活用されており，恩恵は十分受けています。社会の変化に応じて，わかりやすい学習をつくりださなくてはいけないテーマであると思われます（図5）。

●原子力災害をどう扱うか

また，災害から時間は経ちましたが，日本中に原子力発電所は存在しており，災害大国日本では原子力災害のことは想定しておかねばならない問題です。大人にとっても合意形成が難しい問題ですが，未来を創る子どもたちにこそ，その存在を知らせ，考えてもらいたいテーマでもあります。たんにエ

図5　火力発電，原子力発電，水力発電の流れ

● 「電気」の学習から社会問題に関心をもち，主体的に考える学習へ

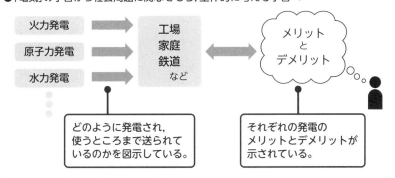

各社とも「水」の学習の選択・発展として
「電気」と「ガス」の学習が扱われている。

ネルギー供給だけでなく，産業や地域経済とも関わる複雑な問題ですが，小学生にわかりやすい学習を考える必要があるでしょう。

　ただ，現時点では被災の記憶を生々しくもつ人や，全国各地に避難された人もいます。差別やいじめの問題が存在することも報道されています。被災者や関係者がいる学級での実践には繊細な配慮が必要ですし，具体的な関連企業への批判に終始する学習になってしまうとそれは問題です。ただ，広い視野で長期的に私たちのくらしを考えるためには重要な問題といえます。教科書を参考にしながら，地域や学校や学級の実態に合った単元の開発が必要でしょう。

　宗教者ですが，2019年に来日したローマ教皇は原子力発電には反対の立場を表明しています。継続していかないと日本の経済が立ちゆかないとの意見もあります。日本政府の考え方や諸外国の動向などにも目配りしておくと単元開発の参考になるでしょう。

┌─ まとめ ─
│ ● エネルギー問題は重要なので，将来を見すえて扱いましょう。
│ ● 原子力災害の学習は必要ですが，関係者に配慮して慎重に扱いましょう。

❸ 「自然災害」が独立した防災学習

(1) 新教科書はここが変わった

　A社は大単元「自然災害からくらしを守る」を設け，その下に「1　地震からくらしを守る」（静岡県，「いかす」を含む）を位置づけています。事例は静岡県の地震についてです。

　導入では静岡県で起こった自然災害を6件（火山災害1件，雪害1件，風水害2件，地震災害2件）取り上げ，地震災害に焦点化して単元を展開させています。単元末の「まとめる」では，地震からくらしを守る取り組みを選択・判断する場面を設定しています。また，それを発展させて実生活で「いかす」では，共助に関する避難所のシミュレーションゲームに取り組み，避難所の職員，避難している住民，子どもの立場から，避難所での避難生活について多角的に考える活動を示しています。その後の「ひろげる」では，「風水害からくらしを守る」（茨城県2ページ），「火山災害からくらしを守る」（長

図6　自然災害から人々を守る（A社）

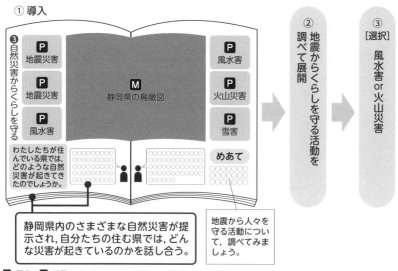

🅿：写真　Ⓜ：地図　※A社76-77ページをもとに作成。

野県2ページ）を取り上げています。

　B社は大単元「自然災害にそなえるまちづくり」を設定しています。その下に小単元「地震にそなえるまちづくり」（静岡市以外に，焼津市，釜石市のコラムあり）を設けています。

　導入では複数地域を取り上げ，地震災害（熊本県），火山災害（長崎県），雪害（北海道），水害（福岡県）の様子から地震災害に焦点化して静岡県を事例に単元を展開させています。単元末の「まとめる」では市役所の人，地震防災センターの人，自治会の人，地域の住民の立場から，地震や津波に備えてどのような取り組みをすればよいか多角的に考えるとともに，選択・判断する場面を設定しています。

　その後，選択事例として「水害にそなえるまちづくり」(新潟県三条市12ページ，末尾に水害にそなえて選択・判断する学習場面の設定あり)，「火山の噴火にそなえて」（北海道），「雪の災害にそなえて」（秋田県）が設定されています。水害の選択事例が，主事例の地震と同等に近い内容となっています。

図7　自然災害から人々を守る（B社）

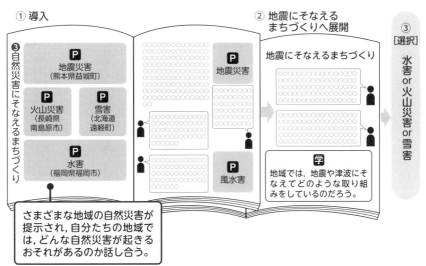

P：写真　学：学習問題　※B社82-83ページと84-85ページをもとに作成。

C社は大単元「自然災害から人々を守る活動」の下に，「1　自然災害から命を守る」を設けています。

　導入では東京の災害（地震災害，水害，竜巻被害，火山災害，台風被害，土砂災害）を示し，水害を中心に単元を展開させています。単元末では「災害対さくについてもう一度考える」として，災害対策で自分たちにできることを考え，明示はされていませんが，選択・判断する場面が設定されています。その後，選択事例として「地震による災害」（阪神淡路大震災），「津波による災害」（和歌山県），「火山による災害」（宮崎県），「雪による災害（雪害）」（青森県）と4事例が示されています。

●「地震」「水害」の防災学習が重点に

　新学習指導要領の改訂の重点の一つが防災の学習ですので各社力を入れた紙面となっています。ページ数からするとB・C社は34ページに対してA社は24ページと10ページ少なくなっていますが，主事例のページ数はA

図8　自然災害から人々を守る（C社）

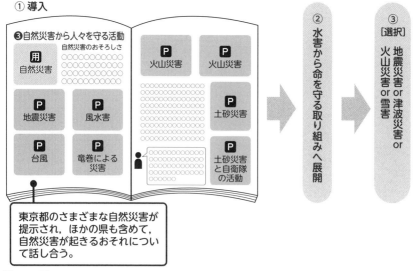

Ｐ：写真　用：用語解説　※C社70-71ページをもとに作成。

社 18 ページ，B社 16 ページ，C社 16 ページとは大きく違いません。

　扱っている主事例の災害は地震（A・B社）と水害（C社）の違いはありますが，選択事例なども含めると各社，ほぼすべての自然災害を扱っています。選択事例が主事例並みに多くページ数を使っているのがB社（ただし1事例のみが12ページ）で，A社の「ひろげる」やC社の選択事例は各2ページ程度です。学習活動で興味深いのはA社の「いかす」で設定された避難所の運営シミュレーションゲーム教材です。4年生にできるかが問題ではあろうかと思いますが，多角的に考え，選択・判断する教材としての可能性が感じられます。

(2) 災害に関心をもつことは命を守ること
——「選択・判断」の学習をどうするか

　今回の学習指導要領では，すべての学年に防災に関する学習が入っています。39ページの図8を見てください。3年生では警察・消防の学習から，4年生では都道府県で起きた災害，5年生は国土の保全の視点から，6年生では政治の働きの視点から行われています。このうち4年生は，直接くらしに関わる身近な地域での自然災害にどう対処するかを学習するきわめて大切なものです。自治体の関連部署（県庁の防災課，消防，警察など）や公共図書館，博物館や郷土資料館で地域の災害について調べて単元開発をする必要があります。

●体験的な活動を位置づける

　まず強調しておきたいのは，災害の起きた地や防災関連施設の見学や調査活動，ゲストを招へいしての聞き取りなどの体験的な活動を位置づけた単元構成にする必要があることです。

　また，都道府県単位で発行されている副読本には典型的な事例が掲載されることと思われますが，都道府県の単位は子どもにとっては身近とはいえないものです。住んでいる市区町村の災害を取り上げられるのであれば，でき

るだけ身近な地域レベルのものがよいでしょう。とはいっても平成の大合併
で身近とはいえない地域も多いのですが。この学習では身近な地域の被災事
実から学び，それに応じてつくられた防災対策を調べる活動が主となります。

　ハザードマップなどが有力な資料となりますが，実際に子どもたちが住ん
でいる地域を取り上げる際には，過度な恐怖を与えないようにするなどの配
慮も必要となると思います。しかし想定されている危機から目を背けること
はできないでしょう。たとえば地震に伴う津波被害が想定される地域では，
避難可能な高地がある場合は，そこへの避難について検討され，それが適わ
ない場合は，垂直避難（高い建物の上層階に上る）が検討されています。その
ために階段などが随時利用できるようになっているなど，地域でできる防災・
減災の工夫がされているものです。

●選択・判断の学習は

　想定されるさまざまな災害，それに対する防災・減災の対策を調べ，どう
することがよいのか，どうなることがよいのか選択・判断する学習場面を設
けることが重要です。選択・判断の学習場面は教科書の紙面から学ぶことが
多いと思います。

図9　災害時の選択・判断の学習（A社）

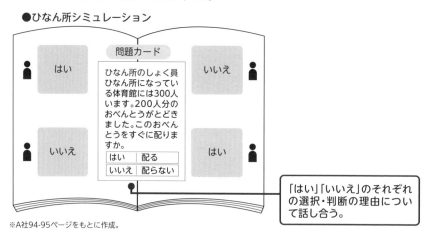

※A社94-95ページをもとに作成。

A・B社は選択・判断とわかるように紙面に記述されています。とくにA社のシミュレーション学習は興味深く，「避難所ＨＵＧ」を参考につくられている学習活動のように思われます。「避難所ＨＵＧ」は静岡県が開発した防災カードゲームで，市販・貸し出しされているものです。地震災害版，風水害版などが作られており，実際にゲームを行う中で災害に伴うさまざまな困難状況とその対処が考えられるようになっています。実際の災害場面を想定しながら，どのように対処するのか考える学習が重要でしょう。

図10　災害時の選択・判断の学習（B社）

●水害にそなえて何が行われているかのウェブ図

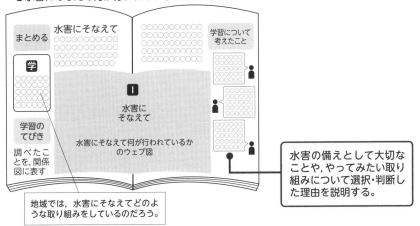

地域では，水害にそなえてどのような取り組みをしているのだろう。

水害の備えとして大切なことや，やってみたい取り組みについて選択・判断した理由を説明する。

■：イラスト　　学：学習問題　　※B社110-111ページをもとに作成。

まとめ
- 見学や調査などの体験的な活動を位置づけましょう。
- 副読本なども参考にしつつできるだけ身近な地域の被災・防災の単元開発をしましょう。

④ 4年生の歴史学習は年中行事と文化財

（1）新教科書はここが変わった

　A社は「きょう土の伝統・文化と先人たち」と題する大単元の下に「1　残したいもの　伝えたいもの」,「2　谷に囲まれた台地に水を引く」を設けています。

　「1　残したいもの　伝えたいもの」では愛媛県松山市の道後温泉本館で県内に古くから残る建物を,宇和島市の八ツ鹿踊りで芸能を,新居浜市の太鼓祭りで年中行事を取り上げ,年表にまとめ,古くから残るものを受け継ぐためにどうしていくのか選択・判断する学習場面を設けた展開をしています。

　「2　谷に囲まれた台地に水を引く」では熊本県の通潤橋（農業用水路・観光）を造った布田保之助を取り上げています。その後,「ひろげる」として京都市の学校づくりの事例,華岡青洲（和歌山県）,松江城（島根県）,海苔の養殖（佐賀県）を取り上げています。

　B社は「地域で受けつがれてきたもの」と「昔から今へと続くまちづくり」の2単元で構成されています。「地域で受けつがれてきたもの」は折り込みも使い,写真で示して,徳島の阿波おどりと阿波人形浄瑠璃について調べる

図11　伝統や文化の選択・判断の学習

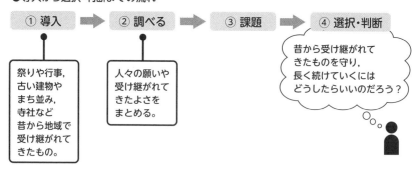

●導入から選択・判断までの流れ

① 導入 ➡ ② 調べる ➡ ③ 課題 ➡ ④ 選択・判断

祭りや行事,古い建物やまち並み,寺社など昔から地域で受け継がれてきたもの。

人々の願いや受け継がれてきたよさをまとめる。

昔から受け継がれてきたものを守り,長く続けていくにはどうしたらいいのだろう？

各社とも,年中行事や文化財などを扱い,それらの良さをどう引き継いでいくのかという,選択・判断の学習へつなげている。

学習を展開しています。

　単元末の「まとめる」では年中行事や文化財など，地域で昔から受け継がれてきたものを守り伝えるためにどうしたらよいのか選択・判断する場面を設けています。

　「昔から今へと続くまちづくり」では，埼玉県さいたま市の見沼新田の開発，見沼代用水と井沢弥惣兵衛が扱われ，昔と今を地図でつなげてまとめています。その後に選択事例として，地域に学校を開いた事例として小笠原東陽（神奈川県藤沢市），日本住血吸虫症の予防と治療に取り組み地域医療の発展に尽くした杉浦健造・三郎親子（山梨県昭和町），沖縄の伝統文化を研究し広めようとした伊波普猷（沖縄県），北海道で米づくりを広めた中山久蔵について各2ページで展開しています。選択事例が多く掲載されている印象を受けます。

　C社は「くらしのなかに伝わる願い」，「地いきの発てんにつくした人々」の2つの大単元で展開しています。

　「くらしのなかに伝わる願い」は「1　わたしたちのまちに残る古い建物」と「2　わたしたちのまちに伝わる祭り」で構成され，古い建物は長崎市を事例地に，大浦天主堂，旧グラバー住宅，めがね橋，軍艦島といった市内に残る古い建築物を調べる形で展開しています。

　祭りは同じく長崎市を事例地に長崎くんちを取り上げ，単元末では「伝統のある祭りを，この先も長く続けていくには，どうしたらいいのだろう」をさらに考えたい問題として示して選択・判断の場面を設定しています。また，その後に「私たちの学びを生かそう」として他地域の年中行事（東京都府中市のくらやみ祭と大阪府岸和田市のだんじり祭）を紹介するコラムも設けています。

　「地いきの発てんにつくした人々」は栃木県那須塩原市を事例地に，那須野原の開墾と那須疏水の開削を取り上げ，選択事例として産業を豊かにした野中兼山（高知県香南市），自然保護に取り組んだ南方熊楠（和歌山県白浜町），村の立て直しに尽くした二宮金次郎（神奈川県小田原市），医療に尽くした日本の女性医師第一号である荻野吟子（東京都豊島区），発展のページとして玉

川兄弟と玉川上水を取り上げています。

　取り上げているページ数，事例の多さはC社，B社，A社の順となりますが，各社，学習指導要領の例示（開発，教育，文化，産業，医療など）に対応する事例を豊富に掲載しています。

(2) 地域教材の中で「医療」を取り上げる

　この単元も地域で作られた副読本が活躍するところです。基本的な展開方法については教科書に学び，具体的には地域の副読本を活用しての学習になるかと思います。地域の副読本も教科書の展開を参考に作られていますから，副読本中心の学習が多いと思われます。

　各地で典型的な開発事例をもとに単元開発がされており，資料も整備され，見学できるような施設設備も充実しているでしょう。開発は過去のことになるので，子どもにとっては抽象度が上がり，とらえにくい学習になる可能性が高いものです。できるだけ子どもたちが身近に感じ，具体的に学べるように見学，聞き取り，調査活動，体験活動など，学習活動を工夫する必要があります。

　地域の博物館，郷土資料館，記念館，公共図書館などが教材開発の手助けになってくれますし，見学などによって子どもたちが具体的にとらえられるような学習活動の構成も支援してくれます。ぜひとも見学などを位置づけたいものです。

表2　新しく示された「医療」関連で扱う人物

出版社	人物	内容
A社	華岡青洲	世界初の全身麻酔による手術に成功
B社	杉浦健造・三郎	日本住血吸虫症の治療と病気予防の活動
C社	華岡青洲	世界初の全身麻酔による手術に成功
	荻野吟子	日本の女性医師第一号

※どの人物も「地域の医療に尽くした」という視点で描かれている。

●新たな視点「医療」をどう扱うか

　今回の学習指導要領の改訂では，地域の先人について取り上げる視点に医療が加えられました。教科書でも医療の発展に貢献した人物の事例が取り上

げられています。医療の発展への貢献には子どもたちがとらえやすいものと
そうでないものがあります。たとえば婦人科の治療を受ける際にも，女性の
医師がおらず，選択の余地なく男性の医師による診察となるため女性が医療
にかかりにくかった状況を変えた女性医師（荻野吟子）はとらえやすいかと
思われますが，特定の病気・感染症予防に取り組んだ医師の事例などは，わ
かりにくいかもしれません（表2）。

　とくに教科書に取り上げられる女性は少ないので，女性医師や女性の教育
者などは積極的に取り上げたいものです。先人を取り上げる視点は，開発，
教育，医療，文化，産業と複数挙げられていますので，身近でわかりやすい
事例を取り上げることが重要でしょう。

> **まとめ**
> ● 見学などを位置づけ，具体的に学びやすい工夫をしましょう。
> ● 子どもがとらえやすい事例を選択しましょう。

⑤ 県内の特色ある地域の学習

（1）新教科書はここが変わった

　A社は大単元「特色ある地いきと人々のくらし」の下に小単元を3単元，
そのうち第3単元は選択として2単元が示されているので，紙面には4単
元あります。

　事例地は宮城県で，導入の後「1　すずりをつくるまち・石巻市雄勝町」，「2
国際交流に取り組むまち・仙台市」，「3　美しい景観を生かすまち・松島町［選
択］」，「3　古いまちなみを生かすまち・登米市登米町［選択］」となっていて，
各小単元末には4コマCM（コマーシャルメッセージ）を作ってまとめを行っ
ています。単元末はそれらの4コマCMなどを使って県内の特色ある地域
と自分たちのまちの良さを県外の人に伝える活動を設定しています。

　B社は「わたしたちの県のまちづくり」という大単元の下に小単元を3
単元，そのうち第2単元は選択として2単元が示されているので，紙面に

図12　事例地の特色のある地域（A社）

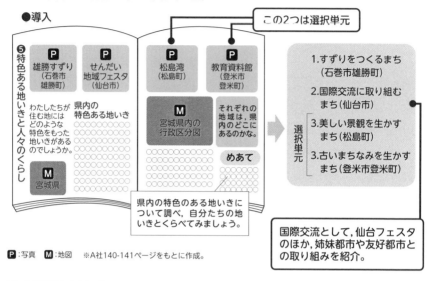

P:写真　M:地図　※A社140-141ページをもとに作成。

は4単元あります。

　事例地は福岡県で，導入の後「1　焼き物を生かしたまちづくり」（東峰村），「2　昔のよさを未来に伝えるまちづくり［選択］」（太宰府市），「2　自然を生かしたまちづくり［選択］」（岡垣町），「3　国際交流がさかんなまちづくり」（福岡市）となっていて，単元末ではガイドマップを作り，自分たちの県を外国の人に紹介する活動が設定されています。本単元に「ひろげる」として神奈川県箱根町（寄木細工），東京都練馬区（アニメのまち）の読み物のページが挿入されています。

　C社は「わたしたちの住んでいる県」という大単元の下に小単元を3単元，そのうち第2単元は選択として2単元が示されているので，紙面には4単元あります。

　事例地は岡山県で，導入の後「1　伝統的な工業がさかんな地いき」（焼き物・備前市），「2　土地の特色を生かした地いき［選択］」（自然環境・真庭市），「2　伝統的な文化を守る［選択］」（古い町並み・岡山市），「3　世界とつながる地いき」（多文化共生・総社市）となっていて，単元末は，岡山県と外国との交通のつながりを学習した後，県内の特色ある地域についてカルタを作っ

図13 事例地の特色のある地域（B社）

●導入

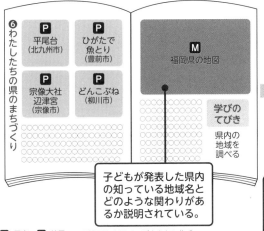

⑥わたしたちの県のまちづくり

P 平尾台（北九州市）
P ひがたで魚とり（豊前市）
P 宗像大社辺津宮（宗像市）
P どんこぶね（柳川市）

M 福岡県の地図

学びのてびき
県内の地域を調べる

子どもが発表した県内の知っている地域名とどのような関わりがあるか説明されている。

選択単元
1. 焼き物を生かしたまちづくり（東峰村）
2. 昔のよさを未来に伝えるまちづくり（太宰府市）
2. 自然を生かしたまちづくり（岡垣町）
3. 国際交流がさかんなまちづくり（福岡市）

国際交流として，福岡国際マラソンや国際会議，福岡空港や博多港，姉妹都市（友好都市）などを取り上げている。

P ：写真　M ：地図　※B社162-163ページをもとに作成。

図14 事例地の特色のある地域（C社）

●導入

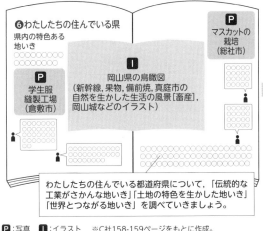

⑥わたしたちの住んでいる県
県内の特色ある地いき

P 学生服縫製工場（倉敷市）

I 岡山県の鳥瞰図（新幹線，果物，備前焼，真庭市の自然を生かした生活の風景［畜産］，岡山城などのイラスト）

P マスカットの栽培（総社市）

わたしたちの住んでいる都道府県について，「伝統的な工業がさかんな地いき」「土地の特色を生かした地いき」「世界とつながる地いき」を調べていきましょう。

選択単元
1. 伝統的な工業がさかんな地いき（焼き物・備前市）
2. 土地の特色を生かした地いき（自然環境・真庭市）
2. 伝統的な文化を守る（古い街並み・岡山市）
3. 世界とつながる地いき（多文化共生・総社市）

国際交流として，外国人が多くくらす総社市を紹介し，多文化共生について取り上げている。

P ：写真　I ：イラスト　※C社158-159ページをもとに作成。

てまとめる活動が設定されています。

　3社ともに事例地の県内で伝統的な技術を生かした地場産業が盛んな地域，国際交流に取り組んでいる地域，地域の資源を保護・活用している地域

実践編／第**4**学年

の３つの視点にもとづく事例を取り上げています。

中でもとくに新しく示された国際交流に取り組んでいる地域を重点的に取り上げています。国際交流ですがＡ社は友好都市との交流を，Ｂ社はスポーツの国際大会や国際会議が開かれ多くの

表3　新しく示された「国際交流」の事例

出版社	地域	内容
Ａ社	仙台市	友好都市との交流
Ｂ社	福岡市	国際マラソン大会
Ｃ社	総社市	多文化共生のまちづくり

※各社の事例は地域の実態にあった取り上げ方のモデルになる。

外国の人が訪れる市，Ｃ社は外国の人が多く住む町を取り上げるなど国際交流をとらえる切り口が多様です（表3）。各社の構成を参考にすれば，地域の実態に合わせた取り上げ方のモデルになるのではないでしょうか。

（2）地域への共感を育てるとともに国内の国際化へも目を向ける

県内の特色ある地域の様子を知る学習は，子どもたちが自身がくらす都道府県に愛着をもったり，地域の一員としての自覚をもったりするきっかけになる重要な学習になるので大切にしたいものです。ただ，子どもの生活範囲からすると，都道府県は広域になるので，身近で具体的なものとしてとらえられるような工夫が必要です。この単元でも見学，聞き取り，調査活動，体験活動など，学習活動の工夫が重要となります。

また，この学習でも教科書は参考になりますが，副読本を中心に展開することが多くなりそうです。教科書で基本的な展開方法をつかみ，具体的には副読本で学習していくことになるでしょう。

特色ある地域を選択する視点は，特色あるまちづくりや観光などの産業の発展に努めていることとされています。地場産業の盛んな地域，国際交流に取り組んでいる地域，自然環境（地形・気候など）や伝統的な文化を保護・活用している地域などが挙げられています。これらの地域を取り上げる際には地域の良さや，人々の前向きさを共感的にとらえられるとよいと思います。

地場産業の学習は，かつて5年生の工業単元で伝統工業として取り上げられてきたものです。陶磁器，塗り物，織物，和紙，人形，筆といったもの

が取り上げられてきました。伝統工業は，現在では芸術的色彩が強まり工芸になったり，観光資源の一つとして体験と併せて提供されたりと形を変えてきています。各地でその土地特有の産業としておこり，発展し，現在があるでしょう。そして地域には現状をとらえ，未来に向かって行動している人がいることでしょう。この過程や取り組み，また人々について調べながら，未来に向けてどうなっていくことがよいのか考えられるとよいと思います。

このような考え方は，地域の自然や歴史的景観，文化財や年中行事について取り上げる際にも共通することが多いものです。これらの学習を通じて，出会った人々や取り組む姿から子どもたちが地域への愛着をもち，地域の一員としての自覚をもってもらえればと思います。

●新たな視点「国際交流」をどう扱うか

国際交流については，今回の学習指導要領で加わった新たな視点です。都道府県，市区町村が友好都市として連携している国や地域との交流について調べ，考えることは重要です。子どもたちが相互訪問したり，交換留学をしていたり，行事などに併せて相互訪問が行われたりとさまざまな活動が行われています。これらについてゲストを招いて話を聞いたり，実際に体験したりすることで学習は具体性を増すことでしょう。

見学などを位置づけることについてはほかの主題と同様です。ただ，現在の日本には多くの外国の方がくらし，働かれています。いわゆる「内なる国際化」といわれるものです。国内の国際化に応じてどうしていくのかといった視点も必要です。その点C社の教科書記述には学びたい点が多くあります。

まとめ

● 具体的に学べるように見学などを位置づけましょう。

● 地域に合わせた教材開発が必要です。国際交流については，内なる国際化についても取り上げてみてはどうでしょうか。

表4　第3・4学年の評価の観点の趣旨

観点／学年	知識・技能	思考・判断・表現	主体的に学習に取り組む態度
第3学年	身近な地域や市区町村の地理的環境，地域の安全を守るための諸活動や地域の産業と消費生活の様子，地域の様子の移り変わりについて，人々の生活との関連を踏まえて理解しているとともに，調査活動，地図帳や各種の具体的資料を通して，必要な情報を調べまとめている。	地域における社会的事象の特色や相互の関連，意味を考えたり，社会に見られる課題を把握して，その解決に向けて社会への関わり方を選択・判断したり，考えたことや選択・判断したことを表現したりしている。	地域における社会的事象について，地域社会に対する誇りと愛情をもつ地域社会の将来の担い手として，主体的に問題解決しようとしたり，よりよい社会を考え学習したことを社会生活に生かそうとしたりしている。
第4学年	自分たちの都道府県の地理的環境の特色，地域の人々の健康と生活環境を支える働きや自然災害から地域の安全を守るための諸活動，地域の伝統と文化や地域の発展に尽くした先人の働きなどについて，人々の生活との関連を踏まえて理解しているとともに，調査活動，地図帳や各種の具体的資料を通して，必要な情報を調べまとめている。	地域における社会的事象の特色や相互の関連，意味を考えたり，社会に見られる課題を把握して，その解決に向けて社会への関わり方を選択・判断したり，考えたことや選択・判断したことを表現したりしている。	地域における社会的事象について，地域社会に対する誇りと愛情をもつ地域社会の将来の担い手として，主体的に問題解決しようとしたり，よりよい社会を考え学習したことを社会生活に生かそうとしたりしている。

第5学年

1　新教科書はこう変わった！

2　新教科書の授業はこうする！

①充実した「領土の範囲」の取り上げ方と課題

②農業や水産業など食料生産の課題を多角的な視点で

③工業は生産だけでなく運輸や外国との関わりにも着目

④情報活用の場面は，販売や運輸，観光，福祉など新たな事例で

⑤自然保護のために何ができるかという選択・判断を身近な事例で

新教科書はこう変わった！

ポイント 1 世界の主な大陸と海洋，主な国の名称と位置，わが国の位置と領土の学習が充実した（とくに領土）。

　第5学年の新教科書はどう変わるのでしょうか。新教科書の特徴を新学習指導要領の改訂のポイントをふまえて確認していきましょう（図1）。

　前回の改訂でも，目立ったところですが，地理的な内容が充実してきています。第5学年では第3学年の地域の生産の学習や第4学年の県内の特色ある地域での国際交流の例示に続き，ここで本格的に世界の概要をつかむ学習が設定されています。これは前回の学習指導要領でもあったところですが，今回はその内容が充実してきています。

　とくに充実しているのは領土に関するところです。領土の範囲について大まかに理解することを示したとしていますが，内容の取り扱いで「『領土の範囲』については，竹島や北方領土，尖閣諸島が我が国の固有の領土であることに触れること。」が示されました。

　固有の領土というのは一度もほかの国の領土になったことがない領土であるという定義まで『小学校学習指導要領 解説 社会科編』（以下，『解説』）には示されています。また竹島や尖閣諸島といった具体的な国際的係争地の地名まで示されたのです。竹島や北方領土については，わが国の固有の領土であるにもかかわらず大韓民国やロシア連邦によって不法に占拠されていると示されていますし，尖閣諸島についてはわが国が現に有効に支配する固有の領土であるから，領土問題は存在しないのだということについても触れるように示されています。

　これらの領土に関する国の立場が上記の様であることは理解できますが，

図1　第5学年　新教科書はどう変わるのか

5年

社会的事象の見方・考え方を働かせ，学習の問題を追究・解決する活動を通して，次のとおり資質・能力を育成することを目指す。

(1)【知識及び技能】
我が国の国土の地理的環境の特色や産業の現状，社会の情報化と産業の関わりについて，国民生活との関連を踏まえて理解するとともに，地図帳や地球儀，統計などの各種の基礎的資料を通して，情報を適切に調べまとめる技能を身に付けるようにする。

(2)【思考，判断，表現力等】
社会的事象の特色や相互の関連，意味を多角的に考える力，社会に見られる課題を把握して，その解決に向けて社会への関わり方を選択・判断する力，考えたことや選択・判断したことを説明したり，それらを基に議論したりする力を養う。　(6年と共通)

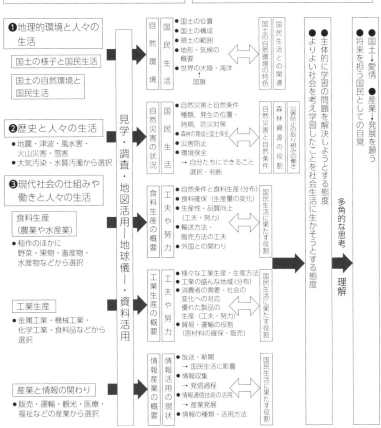

(3)【学びに向かう力，人間性等】
社会的事象について，主体的に学習の問題を解決しようとする態度や，よりよい社会を考え学習したことを社会生活に生かそうとする態度を養うとともに，多角的な思考や理解を通して，我が国の国土に対する愛情，我が国の産業の発展を願い我が国の将来を担う国民としての自覚を養う。

※❶～❸は学習順ではなく，中学社会科の分野を参考に内容で分類し便宜的に番号を振った。

これらを教えることによって，どのような未来が創られていくのか考えなくてはならないと思うのですが，いかがでしょうか。

食料生産・工業生産の単元における価格・費用の内容の充実。

　これまでも触れられてきたことではありますが，いっそう強調されているととらえればよいでしょうか。食料生産に関わる人が，生産性や品質の向上に向けて努力したり，販売方法を工夫したりして良質な食料を消費地に届けるなど，食料生産を支えていることを理解することが示されています。

　また，工業生産についても製造の工程，工場相互の協力関係，優れた技術などに着目して学習を展開することが求められています。工業ではさらに貿易について，運輸の様子や交通網の広がり，外国との関わりなどをとらえ，地図帳，地球儀，各種資料（統計）を活用して調べることが求められています。

ポイント3 「我が国の産業と情報の関わり」で情報を生かして発展する産業として販売，運輸，観光，福祉が挙げられた。

　情報に関する学習は，これまでどおり放送や新聞などの多種多様な情報を収集・選択・加工して提供している仕事について扱いますが，情報を活用して行われている公共サービス（教育・福祉・医療・防災など）の学習に代わって，情報や情報技術を活用して発展している産業を取り扱うことになります。例示には販売，運輸，観光，医療，福祉などが挙げられています。

　たとえば販売の仕事では，販売情報を収集・分析して商品の入荷量や販売数を予測したり，インターネット上で商品管理を行ったりしているといったことです。これには運輸業が結びついています。運輸業の倉庫管理と配送のしくみが結びついて，インターネットを利用した通信販売などの新しいサービスが提供されています。これらの学習を通じて情報化の進む社会の良さや課題について自分の考えをもつようにすることが重要です。

2 新教科書の授業はこうする！

　第5学年の学習指導要領は構成上の大きな変更点はないといってよいでしょう。次ページの表1を見てください。ここでは，各単元の構成・展開を示しつつ各社の構成の概略をつかみ，それをふまえながら，授業づくりについて述べていきます。

❶ 充実した「領土の範囲」の取り上げ方と課題

（1）新教科書はここが変わった

　A社は大単元を「わたしたちの国土」とし，その下に小単元を5単元設定しています。「1　世界の中の国土」，「2　国土の地形の特色」，「3　低い土地のくらし　岐阜県海津市［選択］」，「3　高い土地のくらし　群馬県嬬恋村［選択］」，「4　国土の気候の特色」，「5　あたたかい土地のくらし　沖縄県［選択］」，「5　寒い土地のくらし　北海道［選択］」で構成されており，第3・5単元は選択となっているので，紙面には合計7単元が掲載されています。

　大単元の導入は地球を人工衛星から撮影した写真から始まり，陸地や海がはっきりと見える写真から，地球儀や地図に興味をもたせ，第1小単元へとつなげています。

　日本の国土とその位置に関する学習では，「多くの島からなる日本」で国土の東西南北端を地図と写真で示し，その次に「領土をめぐる問題」として「日本の領土のはんいは，どのようになっているのでしょうか」との学習問題を示して，竹島，尖閣諸島，歯舞群島を地図と写真，そして文章で領土問題に関する政府の公式見解を示しています。

　たとえば竹島については「日本海上にある竹島は，日本固有の領土ですが，

表1　第5学年の教科書単元一覧　◎配当時間とページ数は，各社公開の年間指導計画作成資料による。
単元ページ数には配当時間がないものも含む。なお，総ページ数はノンブルによる。

A社（全100時間，総128＋144＝272ページ）			
大単元名	小単元名	配当時間	ページ数
1　わたしたちの国土 （全20時間，60ページ）	オリエンテーション	1	2
	1　世界の中の国土	4	8
	2　国土の地形の特色	3	6
	3　低い土地のくらし／高い土地のくらし［選択］	5	10／8
	4　国土の気候の特色	3	6
	5　あたたかい土地のくらし／寒い土地のくらし［選択］	4	8／8
2　わたしたちの生活と食料生産 （全25時間，58ページ）	オリエンテーション	1	2
	1　くらしを支える食料生産	4	8
	2　米づくりのさかんな地域	8	18
	3　水産業のさかんな地域	7	14
	4　これからの食料生産とわたしたち	5	10
3　わたしたちの生活と工業生産 （全21時間，54ページ）	オリエンテーション	1	2
	1　くらしを支える工業生産	3	6
	2　自動車をつくる工業	7	14
	3　工業生産を支える輸送と貿易	5	10
	4　これからの工業生産とわたしたち	5	10
4　情報化した社会と産業の発展 （全16時間，42ページ）	オリエンテーション	1	2
	1　情報産業とわたしたちのくらし	6	12
	2　情報を生かす産業	5	10
	3　情報を生かすわたしたち	4	8
5　わたしたちの生活と環境 （全18時間，42ページ）	オリエンテーション	1	2
	1　自然災害を防ぐ	5	12
	2　わたしたちの生活と森林	6	12
	3　環境を守るわたしたち	5	10
	いかす（第5単元全体）	1	2

※第1・2単元が上巻，第3・4・5単元が下巻と2分冊構成。

B社（全100時間，総252ページ）			
大単元名	小単元名	配当時間	ページ数
1　日本の国土とわたしたちのくらし（全20時間，52ページ）	オリエンテーション	1	2
	1　日本の国土と世界の国々	5	10
	2　国土の気候と地形の特色	4	8
	3　自然条件と人々のくらし ※あたたかい地域と寒い地域，高地と低地（各6ページ）それぞれどちらか［選択］を含む。	10	30
2　未来を支える食料生産 （全26時間，60ページ）	オリエンテーション	1	2
	1　米づくりのさかんな地域	11	22
	2　水産業のさかんな地域／野菜づくりのさかんな地域／岩手町のキャベツづくり／果物づくりのさかんな地域／肉牛飼育のさかんな地域［選択］	9	18／2／2／1／1
	3　これからの食料生産	5	8
3　未来をつくり出す工業生産 （全23時間，52ページ）	オリエンテーション	1	2
	1　自動車の生産にはげむ人々／製鉄にたずさわる人々／石油の加工にたずさわる人々［選択］	9	18／2／2
	2　日本の工業生産と貿易・運輸	5	10
	3　日本の工業生産の今と未来	8	16
4　未来とつながる情報 （全13時間，32ページ）	オリエンテーション	1	2
	1　情報を伝える人々とわたしたち／新聞社のはたらきとわたしたちのくらし［選択］	6	12／2
	2　くらしと産業を変える情報通信技術 ※うち観光に生かす情報通信技術（2ページ）／健康なくらしを支える情報通信技術（2ページ）／大量の情報を生かす運輸・流通のしくみ（1ページ）の［選択］を含む。	6	15
5　国土の自然とともに生きる （全18時間，40ページ）	オリエンテーション	1	2
	1　自然災害とともに生きる	6	12
	2　森林とともに生きる	6	14
	3　環境をともに守る	5	10

C社 (全 100 時間, 総 280 ページ)		配当時間	ページ数
大単元名	小単元名	配当時間	ページ数
1 日本の国土と人々のくらし (全 21 時間, 60 ページ)	オリエンテーション	1	2
	1 世界から見た日本	5	10
	2 日本の地形や気候	5	10
	3 さまざまな土地のくらし ※あたたかい地域と寒い地域, 低地と高地(各8ページ) それぞれどちらか [選択] 含む。	10	36
2 わたしたちの食生活を支える食料 生産 (全 26 時間, 66 ページ)	オリエンテーション	1	2
	1 食生活を支える食料の産地	3	6
	2 米作りのさかんな地域	7	16
	3 水産業のさかんな地域／畜産業のさかんな宮崎県 ／くだもの作りのさかんな和歌山県／野菜作りの さかんな高知県 [選択]	7	14／6／ 2／2
	4 これからの食料生産	8	16
3 工業生産とわたしたちのくらし (全 20 時間, 56 ページ)	オリエンテーション	1	2
	1 くらしや産業を支える工業生産	3	6
	2 自動車工業のさかんな地域／わたしたちのくらしを 支える食料品工業／わたしたちのくらしを支える製 鉄業／わたしたちのくらしを支える石油工業 [選択]	8	18／4／ 4／4
	3 日本の貿易とこれからの工業生産	8	16
4 情報社会に生きるわたしたち (全 15 時間, 48 ページ)	オリエンテーション	1	2
	1 情報をつくり, 伝える／放送局のはたらき [選択]	7	14／4
	2 情報を生かして発展する産業／情報を生かして発展す る観光業／医療に生かされる情報ネットワーク [選択]	7	14／6／ 6
5 国土の環境を守る (全 18 時間, 44 ページ)	オリエンテーション	1	2
	1 環境とわたしたちのくらし／大和川とわたしたち のくらし [選択]	5	10／4
	2 森林とわたしたちのくらし	6	12
	3 自然災害から人々を守る	6	14

実践編 | 第 **5** 学年

図 2 日本の国土 (A 社)

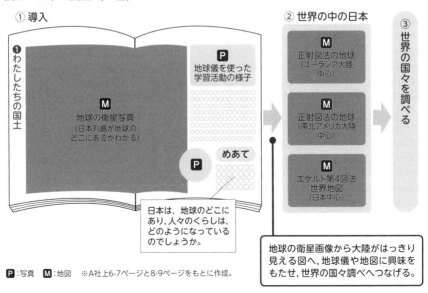

① 導入

❶ わたしたちの国土

M 地球の衛星写真 (日本列島が地球の どこにあるかわかる)

P 地球儀を使った 学習活動の様子

P

めあて

日本は, 地球のどこに あり, 人々のくらしは, どのようになっている のでしょうか。

② 世界の中の日本

M 正射図法の地球 (ユーラシア大陸 中心)

M 正射図法の地球 (南北アメリカ大陸 中心)

M エケルト第4図法 世界地図 (日本中心)

③ 世界の国々を調べる

地球の衛星画像から大陸がはっきり 見える図へ, 地球儀や地図に興味を もたせ, 世界の国々調べへつなげる。

P :写真 M :地図 ※A社上6-7ページと8-9ページをもとに作成。

韓国が不法に占領しているため，日本は抗議を続けています。また尖閣諸島についても「東シナ海にある尖閣諸島は，日本が有効に支配する固有の領土です。中国がその領有を主張していますが，領土問題は存在しません」としています。それに加えて「拡大する西之島」と題して島の出現によって領土が拡大するというコラムを掲載しています。

B社は「日本の国土とわたしたちのくらし」という大単元の下，「1　日本の国土と世界の国々」，「2　国土の気候と地形の特色」，「3　自然条件と人々のくらし」（あたたかい地域：沖縄県・寒い地域：北海道［選択］，高地：長野県南牧村・低地：千葉県香取市［選択］）で構成されており，第3小単元はあたたかい地域か寒い地域，高地か低地の選択になっています。

大単元は2種類の世界地図と地球儀，地球の衛星写真で導入し，第1単元につなげていきます。

日本の国土と位置に関する学習では，「日本の国土のすがた」で日本を中心とした衛星写真に日本の周辺国の国名と国旗を示し，さらに東西南北端の写真を示して日本の国土の範囲を考えさせます。次に日本地図を使って日本

図3　日本の国土（B社）

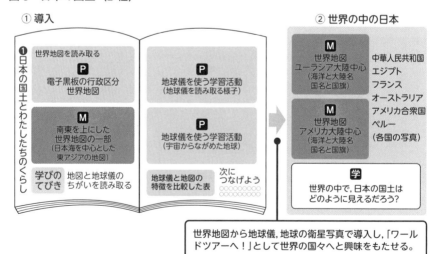

📷：写真　🗺：地図　📖：学習問題　※B社6-7ページと8-9ページをもとに作成。

の国土の範囲を示して，本文と写真（北方領土・竹島・尖閣諸島）で領土問題を説明しています。本文は，政府の公式見解を示しつつ，領土にかかわる係争地については現状をふまえて次のように記述しています。

「島根県の竹島では，韓国が自国の領土であると主張し，不法な占拠を続けています。沖縄県の尖閣諸島については，領土問題はないというのが日本の立場ですが，中国も自国の領土であると主張しています。日本は，これらの島々が日本の領土であることを相手国や国際社会にしっかり伝え，課題の平和的な解決に向けて，ねばり強く努力を続けていく必要があります」。その後「日本固有の領土，竹島と尖閣諸島」というコラムを設け，竹島と尖閣諸島に関する歴史的な経緯と現状について地図と写真を使いながら説明しています。

C社は「日本の国土と人々のくらし」という大単元の下，「1　世界から見た日本」，「2　日本の地形や気候」，「3　さまざまな土地のくらし」となっており，第3単元は，「3-1　あたたかい沖縄県に住む人々のくらし[選択]」，「3-1　寒い土地のくらし　北海道旭川市[選択]」，「3-2　低地に住む

図4　日本の国土（C社）

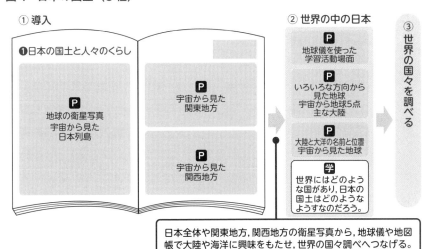

Ｐ：写真　学：学習問題　※C社6-7ページと8-9ページをもとに作成。

岐阜県海津市の人々のくらし［選択］」，「3－2　高地のくらし　群馬県嬬恋村［選択］」という構成になっています。

　大単元は人工衛星から撮影した4点の写真を導入に使って地球の海と大陸に関心をもたせ，第1単元につないでいます。日本の国土と位置に関する学習では，「日本の位置とはんい」として日本の領域を示す日本地図と東西南北端の写真で国土の範囲が学習できるようになっています。

　次に「領土をめぐる問題」として北方領土，竹島，尖閣諸島を写真と地図などで示し，本文で「れんさんたちは，日本の位置とはんいを学習する中で，領土をめぐる問題があることを知り，調べることにしました」とし，次に北方領土，竹島，尖閣諸島に関する政府見解と現状について説明する文章を資料として示し考えさせています。それをもとに子どもたちの吹き出しのセリフで，単元のほかの部分のまとめとともに，北方領土や竹島，尖閣諸島が日本固有の領土であることを強調しています。

　新学習指導要領で強調している政府見解は3社とも示していますが，政府見解のみを明確に示しているのがA社で，B社，C社は現状も示し，B社は自国の主張と平和的解決に向けての努力を続ける必要性があることを示し，C社は政府見解を再強調する形で締めくくっています。

（2）知識偏重にならず地図やゲームを取り入れた活動を

　日本の位置の学習は5年生の学習の基礎になりますので重要です。そのために，世界の概要について（大陸，海洋，主要国）を理解しておくことは必要です。しかし，知識を記憶することが中心の学習となると，子どもたちの意識は学習から離れていきます。5年生の教科書各社の巻頭の工夫も取り入れたいですが，学級の実態から，それだけでは難しいと感じたら4年生の第1単元の工夫を応用するとよいでしょう。クイズやゲームを利用するといった学習活動の工夫が重要です。

　また，この単元を学習するために，緯度・経度，地球儀の利用，雨温図の読み取りなども必要となってきます。説明だけですませると子どもたちは活用できるようにはなりません。地図帳を活用してさまざまな国を緯度や経度

で表現してみたり，地球儀を使って 2 地点間の距離を測ってみたりする時間を確保しましょう。また，雨温図の読み取りについても十分な時間を確保し，グラフで表されている抽象的な情報が，具体的にはどういう現象を示しているのか想像できるようにしておきたいものです。

　日本の領土の学習の扱い方は繊細です。政府の見解を子どもに正しく伝えることは重要ですが，それだけでよいかは疑問が残るところです。近隣諸国の状況を見ていると，自国の主張のみを極度に重視し，他国の立場・考えに耳を貸そうとせず極端な行動をとった例もあります。領土に関する政府の主張と，領土をめぐる現状を知り，どうしていくことがよいのか考え続けることが必要です。結論を急ぎすぎて短絡的な考えに陥ることを警戒しなくてはなりません。日々の報道にも目を配り，また 6 年生の歴史・国際などの学習を重ねながら考え続けることが重要です。

実践編｜第5学年

> **まとめ**
> ● 知識偏重の学習にならないように，時間を確保し，学習活動を工夫しましょう。
> ● 領土の学習は政府見解に加え，各国の主張と現状を知り，領土問題について考え続けるようにしたいものです。

② 農業や水産業など食料生産の課題を多角的な視点で

（1）新教科書はここが変わった

　A社は「わたしたちの生活と食料生産」という大単元の下に「1　くらしを支える食料生産」，「2　米づくりのさかんな地域」，「3　水産業のさかんな地域」，「4　これからの食料生産とわたしたち」で構成されています。

　給食の写真から材料を考え，食材がどこでどのように作られ運ばれているのかという導入から，給食の食材を分類し，スーパーマーケットのチラシから産地調べ，野菜・果物・畜産・水産・米などについて取り上げ，その後米づくりを中心とした農業，水産業の学習が展開します。米づくりは山形県庄内平野における，広い平野で大規模で機械化されて行われている米づくりが取り上げられています。

図5　日本の食料生産（A社）

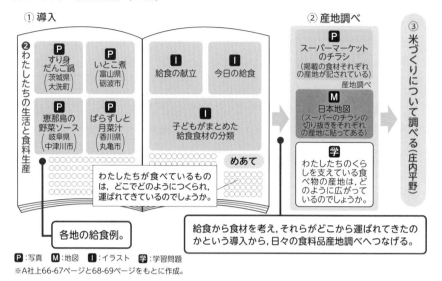

P:写真　M:地図　I:イラスト　学:学習問題
※A社上66-67ページと68-69ページをもとに作成。

　水産業は長崎漁港を事例に沖合漁業，運輸，ふぐの養殖，水産加工業を取り上げています。

　「これからの食料生産とわたしたち」では統計資料から食料自給率が下がっていることをとらえ，食生活の変化と食料生産の関係，消費者の関心が食の安全・安心へと変化していることを学び，食料を安定確保し，自給率を高める取り組みをすすめることが重要であることがつかめるように単元は展開しています。

　B社は「未来を支える食料生産」という大単元の下に「1　米づくりのさかんな地域」，「2　水産業のさかんな地域」（このうち選択として「野菜づくりのさかんな地域」，「岩手町のキャベツづくり」，「果物づくりのさかんな地域」，「肉牛飼育のさかんな地域」），「3　これからの食料生産」で構成されています。

　家庭での食事の写真などから食材，中でも米に注目させ，次の米づくりを学ぶ単元へとつなげています。米づくりは新潟県南魚沼市における，中山間地域で限られた水田を利用し，付加価値を高める米づくりが取り上げられています。

図6　日本の食料生産（B社）

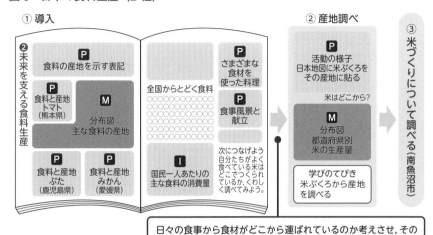

① 導入

❷未来を支える食料生産

P 食料の産地を示す表記

P 食料と産地
トマト
（熊本県）

M 分布図
主な食料の産地

P 食料と産地
ぶた
（鹿児島県）

P 食料と産地
みかん
（愛媛県）

全国からとどく食料
○○○○○○○○○
○○○○○○○○○
○○○○○○○○○
○○○○○○○○○

I 国民一人あたりの
主な食料の消費量

P さまざまな
食材を
使った料理

P 食事風景と
献立

次につなげよう
自分たちがよく
食べている米は
どこでつくられ
ているか、くわし
く調べてみよう。

② 産地調べ

P 活動の様子
日本地図に米ぶくろを
その産地に貼る

米はどこから？

M 分布図
都道府県別
米の生産量

学びのてびき
米ぶくろから産地
を調べる

③ 米づくりについて調べる（南魚沼市）

日々の食事から食材がどこから運ばれているのか考えさせ，その
中でも米に注目させて米づくりの単元（南魚沼市）へつなげる。

P :写真　**M** :地図　**I** :イラスト
※B社58-59ページと60-61ページをもとに作成。

　水産業は根室港のさんま漁を事例に沖合漁業，運輸，水産加工業，養殖は
鹿児島県長島町のぶり，単元末では持続可能な水産業について取り上げてい
ます。

　「これからの食料生産」では天ぷらそばや寿司が外国産の食材によって作
られていることや統計資料から食料の輸入が増えていることをとらえ，食料
輸入の増加が意味することを調べ・考えることから，これからの食料生産に
ついて生産に携わる立場，消費者の立場から多角的に考え，選択・判断する
学習が単元末で構成されています。

　C社は「わたしたちの食生活を支える食料生産」という大単元の下に「1
食生活を支える食料の産地」，「2　米作りのさかんな地域」，「3　水産業の
さかんな地域」（このうち選択として「畜産業のさかんな宮崎県」，「くだもの作
りのさかんな和歌山県」，「野菜作りのさかんな高知県」），「4　これからの食料
生産」で構成されています。

　給食の写真から材料を考え，食材がどこでどのように作られ運ばれている
のかという導入から，給食の食材を分類し，スーパーマーケットのチラシか

実践編｜第**5**学年

図7　日本の食料生産（C社）

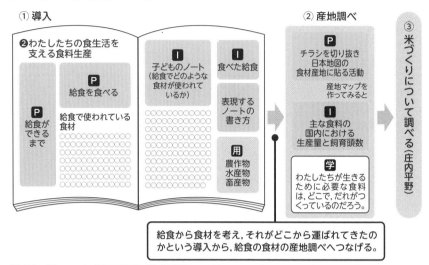

ら産地を調べ，その後米づくりを中心とした農業，水産業の学習が展開します。米づくりは山形県庄内平野における，広い平野で大規模に機械化されて行われている米づくりが取り上げられています。

　水産業は水産業の概況から千葉県銚子漁港を事例に沖合漁業や運輸，養殖は佐賀県の海苔の養殖を取り上げています。

　「これからの食料生産」ではスーパーマーケットの売り場のプライスPOPに示された食材の産地と統計資料から食料を大量に輸入していることに着目させ，大量輸入の実態と理由を調べ，食料生産をめぐる問題を解決し，これからの食料生産のあり方を生産者と消費者のそれぞれの立場から多角的に考え，選択・判断する学習を単元末で構成しています。

　80ページの表1で3社を比較するとC社，A社，B社の順にページ数が多く設定されていますが，これは選択事例の多寡によるものが主な要因です。

　食料生産の各産業それぞれに問題がありますが，それらを通して日本の食料生産の問題について一番ページ数を割いているのはC社です。食料輸入の多さを調べる中で，食料自給率が低下していることをとらえさせ，世界の食

料問題を背景に日本の食料生産問題をたんに食料自給率の低下の問題だけでなく多角的にとらえ，資源の保護，食品高品質化なども視野に入れていく丁寧な展開は注目すべきだと思われます。

(2) 地元の農業と関連させた学習を意識する

　農業では米づくりが中心の学習となっています。事例で取り上げられているのは庄内平野（Ａ社・Ｃ社）と南魚沼市（Ｂ社）の平野部ですが，両事例地ともに日本の米づくりの典型例を示しているといえます（表2）。

　しかし，子どもたちの地元でも米づくりに取り組んでいるところは多いはずです。広大な平野で，大規模で効率的な米づくりに取り組む庄内平野と，限られた平地を使って付加価値の高い米を生産している南魚沼市の特性を把握しながら，地元の米づくりと対比して学ぶことが重要ではないでしょうか。

　なお，地元の農業が米づくり以外に重点が置かれているのであれば，そちらをきちんと取り上げるべきでしょう。米は歴史・文化を大きく動かしてきた重要な農産物で，農家の主要な収入源でしたが，主食としての地位については変化が起きています。日本の食料生産の未来を考えるうえで，これまで通りの農業の学習でよいのか考える時期にきているのではないでしょうか。

　農林水産省（農水省）の統計によれば農業総産出額は，米は17416億円，野菜は23212億円，畜産は32129億円（いずれも2018年度）です。米以外の農産物にも応分の目配りが必要な時代になってきています。また働き手についても大きく状況は変わってきています。会社組織をつくって農業に取り組むことや，外国人の研修生や労働者によって多くの生産地は支えられています。これらについては教科書ではまったく扱われていません。

　水産業についても同様です。多くの事例地が取り上げられていますが，島国日本は海に面している

表2　米の産地とそれぞれの特徴

出版社	産地	特徴
Ａ社 Ｃ社	庄内平野	広大な平野で大規模で効率的な米づくり
Ｂ社	南魚沼市	限られた平地で付加価値の高い米づくり

※それぞれの米づくりの特徴をふまえ，地元の米づくりと対比した学習が重要。

実践編｜第5学年

89

県が大半で（いわゆる海なし県は8県）漁業についても地元の水産業について取り上げることができるはずです。

　食料生産の問題についてはカロリーベースの食料自給率のみで考えていてよいのか疑問です。カロリーベースの食料自給率は37％ですが，生産額ベースだと66％，主食用穀物自給率だと59％となっています（農水省，2018年度）。食料自給による安全保障や防災対応はもちろん重要です。食料生産に関する新たな問題についても視野に入れる必要があるでしょう。食の安全や品質の保証，フードマイレージやフードロスなども視野に入れた学習を考える必要があります。

> **まとめ**
> - 地元の食料生産を対比的に取り上げたり優先的に扱ったりしましょう。
> - 食料を生産する産業の現状を見すえ，未来を展望する食料生産の学習を考え・実践しましょう。

③ 工業は生産だけでなく運輸や外国との関わりにも着目

(1) 新教科書はここが変わった

　A社は「わたしたちの生活と工業生産」という大単元の下に「1　くらしを支える工業生産」，「2　自動車をつくる工業」，「3　工業生産を支える輸送と貿易」，「4　これからの工業生産とわたしたち」で構成されています。

　導入は生活を取り巻く家電製品＝工業製品を調べ，そこから工業製品はどのようにしてつくられているかという学習問題を導き出しています。そしてくらしを支えるさまざまな工業製品がどこでつくられているのか，日本の工業生産の特色はどのようなものか，工業の盛んな地域の分布・特色を学習し，まとめて第1小単元が終わります。

　第2小単元は自動車工業の学習（配時のない発展事例の「ひろげる」として造船業・製鉄業・石油工業・食料品をつくる工業），第3小単元の輸送と貿易，第4小単元のこれからの工業生産について考える学習へと続きます。第4小単元では福井県鯖江市のめがね生産や北陸の伝統工業，東京都大田区の高

図8　日本の工業生産（A社）

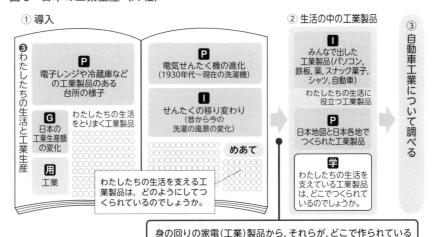

P：写真　I：イラスト　G：グラフ　用：用語解説　学：学習問題
※A社下2-3ページと4-5ページをもとに作成。

度な技術力をもつ中小工場を事例に示し，工業生産の課題を考え，これから
の工業生産に大切なことをまとめていきます。

　B社は「未来をつくり出す工業生産」という大単元の下に「1　自動車の
生産にはげむ人々」（このうち選択として「製鉄にたずさわる人々」，「石油の加
工にたずさわる人々」），「2　日本の工業生産と貿易・運輸」，「3　日本の工
業生産の今と未来」で構成されています。

　大単元の導入で，くらしの中で使われている工業製品を調べ，自動車もく
らしの中でよく見かける工業製品だとして，第1小単元の自動車工業の学
習へと続けます。第2小単元は自動車工場で生産された自動車がどのよう
に輸出されたかという視点で貿易についての学習へつなげ，日本の工業生産
と貿易へと広げていきます。

　そして第3小単元で工業生産の今と未来を考える学習として，工業生産
の特色，工業の盛んな地域の分布と特色，工場の大小の違いに触れます。中
小工場が多い日本の実態について大阪府堺市と東京都大田区の中小工場の事
例を取り上げながら，工業生産の変化（概要と海外生産）を学習し，中小工

図9　日本の工業生産（B社）

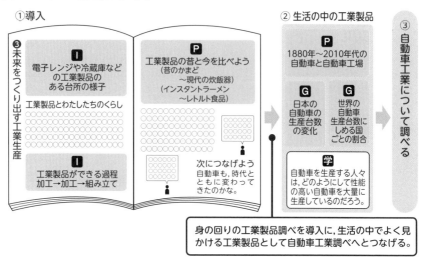

P:写真　I:イラスト　G:グラフ　学:学習問題　　※B社118-119ページと120-121ページをもとに作成。

場の技術力の高さ（大阪府東大阪市，東京都大田区）にも触れて日本の工業生産にはどのような特色があるのかをまとめています。

　C社は「工業生産とわたしたちのくらし」という大単元の下に「1　くらしや産業を支える工業生産」，「2　自動車工業のさかんな地域」（このうち選択として「わたしたちのくらしを支える食料品工業」，「わたしたちのくらしを支える製鉄業」，「わたしたちのくらしを支える石油工業」），「3　日本の貿易とこれからの工業生産」で構成されています。

　大単元の導入は身の回りにある工業製品調べからはじめ，くらしに欠かせない工業製品はどこでつくられているのかとして，第1小単元を展開させていきます。ここでは日本の工業の盛んなところ，すなわち工業地帯の分布や特色が扱われ，工業生産額が一番多い中京工業地帯に焦点をあてます。そして，中京工業地帯でとくに盛んにつくられている工業製品は何かということから第2小単元の自動車工業の学習（選択事例として食料品工業：醤油，製鉄業，石油工業が掲載）へとつなげていきます。

　第3小単元はこれまでの農業の学習と工業の学習を振り返り，生産物・

図10　日本の工業生産（C社）

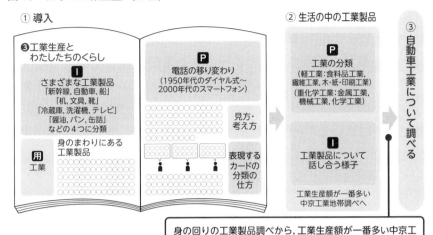

① 導入

❸ 工業生産と
わたしたちのくらし

Ⅰ
さまざまな工業製品
「新幹線, 自動車, 船」
「机, 文具, 靴」
「冷蔵庫, 洗濯機, テレビ」
「醤油, パン, 缶詰」
などの4つに分類

用 工業

身のまわりにある
工業製品

P
電話の移り変わり
（1950年代のダイヤル式〜
2000年代のスマートフォン）

見方・
考え方

表現する
カードの
分類の
仕方

② 生活の中の工業製品

P
工業の分類
（軽工業：食料品工業,
繊維工業, 木・紙・印刷工業）
（重化学工業：金属工業,
機械工業, 化学工業）

Ⅰ
工業製品について
話し合う様子

工業生産額が一番多い
中京工業地帯調べへ

③ 自動車工業について調べる

身の回りの工業製品調べから, 工業生産額が一番多い中京工業地帯へ焦点化し, そこで盛んな自動車工業へとつなげる。

P：写真　**Ⅰ**：イラスト　**用**：用語解説　※C社132-133ページと134-135ページをもとに作成。

実践編｜第**5**学年

製品が輸送されていたことから, 運輸・貿易の学習につなげます。日本の貿易の特色・課題から, 工業を盛んにするにはどうしたらよいかという問題意識をもち, 中小工場の多い日本の工業の特色（事例として大阪府東大阪市）について学習します。そして, 技術力の高い中小工場に焦点をあて, 工業生産を発展させるためには何が必要なのか考え, 学習をまとめます。

　子どもの問題意識の連続・発展から考えると, A社は第1小単元から第2小単元の自動車工業へのつなげ方が少しスムーズではないように思います。B社は大単元の導入から第1小単元の自動車工業へのつながりがスムーズでないように思われます。C社は大単元の導入から, 身の回りの工業製品をふまえ, 工業製品がどこでどのようにつくられているのか, 工業生産額が最も多い中京工業地帯に注目して自動車工業の学習へというつなげ方はスムーズですが, その次の運輸・貿易の学習へのつながりがスムーズではないように思います。

　大単元の導入から第1小単元（日本の工業生産の特色）へのつなげ方ではA社・C社の展開が, 自動車工業から自動車の輸出入を軸に日本の工業生産

の単元へというつなげ方ではＢ社の展開が，子どもの問題意識の連続・発展
からするとよいように思われます。

（2）各小単元を丁寧に接続し，子どもたちの意識と工業をつなげる

　工業の学習は各社主事例に自動車工業を取り上げています。自動車工業は
これまでも日本の工業の基幹産業で多くの人が関わっていましたし，新しい
生産技術（生産の工夫や努力）が集約されていました。ただ，自動車工業は
子どもの生活とは若干距離のある産業です。教科書会社各社は子どもの身の
回りの工業製品から工業の概要につなげて学習を構成していますが，そこか
ら自動車工業へとつなぐことには少し飛躍があるように思います。

　Ｃ社はある程度接続に成功していると思われますが，子どもたちの単元導
入時の問題意識の発展を考えるとやや難しいように思います。教科書を生か
して展開するとすれば，各小単元の接続を丁寧にしていく必要があります。
しかし，各小単元のつなげ方の参考になるのはＣ社であろうかと思われます。
身近な工業製品と自動車を対比しつつ進む展開もよいのではないでしょう
か。

　また，工場見学などの実体験に関わる学習活動も位置づけてほしいと思い
ます。子どもと工業をつなげるためには，体験的な活動も重要です。教科書
の事例では自動車の組み立て工場が取り上げられていますが，組み立て工場
は全国にあるわけではあ
りません。部品を作る工
場に広げると所在が広が
りますから，工場見学の
可能性も広がります
（図11）。

　ただ工業も大きく変
わってきています。自動
車工業も内燃機関（エン
ジン）から電動機（モー

図11　子どもたちの意識を工場学習につなげる流れ

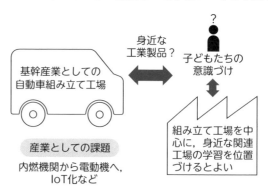

ター）へ移行する可能性が高まっており，自動車工業自体も大きく変わろう
としています。主要な工業として機械工業を取り上げることは継続するにし
ても，自動車でよいのかは長い目で見ると検討すべきところかと思われます。

　あらゆる工業がインターネットなどのネットワークを利用して展開しよ
うとしています。情報単元との関連も検討しなくてはならないと思います。
また教科書からは離れますが単元開発に取り組み，自動車工業以外を取り上
げるという選択肢もあります。その際，大工場を中心に展開することがよい
かどうかは検討すべきところです。日本の工業は多くの中小工場によって支
えられています。身近な地域の中小工場を取り上げての展開も十分考えられ
ます。身近な工場ですと見学も比較的容易になりますし，働く人の生の声を
聞くことも可能になるでしょう。

まとめ
- ●子どもの問題意識の発展を重視した展開を考え，見学を位置づけましょう。
- ●工業の現状を見すえ，未来を展望する工業の学習を考え・実践しましょう。

④ 情報活用の場面は，販売や運輸，観光，福祉など新たな事例で

（1）新教科書はここが変わった

　Ａ社は「情報化した社会と産業の発展」という大単元の下に「1　情報産
業とわたしたちのくらし」，「2　情報を生かす産業」，「3　情報を生かすわ
たしたち」で構成されています。

　大単元の導入はくらしの中にはたくさんの情報があふれているとして，ス
マートフォンや避難所の掲示，街で見かける広告や大型ディスプレイで見ら
れる動画，家で使うＰＣの写真を示しながら，テレビ，ラジオ，新聞，雑誌，
インターネットへと焦点化していきます。生活の中で情報はどのような役割
を果たしていくのか追究し，情報産業（ここでは放送局）の学習へとつなげ
ていきます。ニュース番組が作られる過程を調べ，どのようなことに気をつ
けて情報を活用すればよいのか学習をまとめます。

図12 情報化社会と情報産業（A社）

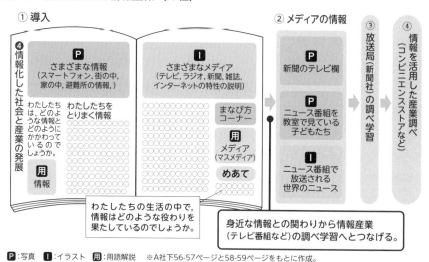

P :写真　I :イラスト　用 :用語解説　※A社下56-57ページと58-59ページをもとに作成。

　情報の活用という視点で第2小単元につなげ，コンビニエンスストアではどのような情報を何のために活用するのか調べ，情報を活用して発展する販売の仕事についてまとめます。そして第3小単元で情報の活用の方法をSNSやインターネットを事例に活用のためのルールやマナーについて調べ，単元のまとめは情報の活用方法について話し合い，「いかす」として情報活用宣言を作成します。

　発展事例として，新聞社，運輸業，観光業，福祉産業が掲載されていますが配時はありません。

　B社は「未来とつながる情報」という大単元の下に，「1　情報を伝える人々とわたしたち」（選択として「新聞社のはたらきとわたしたちのくらし」），「2　くらしと産業を変える情報通信技術」（選択として「観光に生かす情報通信技術」，「健康なくらしを支える情報通信技術」）で構成されています。身の回りにどのような情報があるか調べるところから導入し，どこから一番多くの情報を受け取っているかという問題意識でつなげていきます。

　第1小単元は放送局（テレビ）でニュース番組がつくられていく過程を学

図13 情報化社会と情報産業（B社）

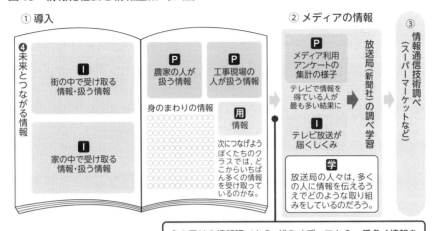

① 導入

❹ 未来とつながる情報

Ⅰ 街の中で受け取る情報・扱う情報

Ⅰ 家の中で受け取る情報・扱う情報

Ｐ 農家の人が扱う情報

Ｐ 工事現場の人が扱う情報

身のまわりの情報

用 情報

次につなげよう
ぼくたちのクラスでは，どこからいちばん多くの情報を受け取っているのかな。

② メディアの情報

Ｐ メディア利用アンケートの集計の様子

テレビで情報を得ている人が最も多い結果に

Ⅰ テレビ放送が届くしくみ

学 放送局の人々は，多くの人に情報を伝えるうえでどのような取り組みをしているのだろう。

放送局（新聞社）の調べ学習

③ 情報通信技術調べ（スーパーマーケットなど）

身の回りの情報調べから，どのメディアから一番多く情報を得ているかとして，放送局（新聞社）の調べ学習へとつなげる。

Ｐ:写真　Ⅰ:イラスト　用:用語解説　学:学習問題　※B社170-171ページと172-173ページをもとに作成。

習し，小単元末では放送局の情報発信側と情報受信側（自分たち）を対比しながら，放送局の人々が多くの人に情報を伝えるうえでどのような取り組みをしているのかまとめています。また，自分たちがSNSなどで情報発信側になることもあるとしています。

　第2小単元は，くらしの中のどのような場面で情報や情報通信技術が活用されているかを調べ，スーパーマーケットのPOSシステム，タクシーなどの交通機関を事例に情報活用を調べ，情報通信技術を利用することで，くらしや産業がどのように変わってきているのかまとめていきます。選択事例として医療での情報活用，運輸・流通での情報活用も掲載されています。

　C社は「情報社会に生きるわたしたち」という大単元の下に，「1　情報をつくり，伝える」（選択として「放送局のはたらき」），「2　情報を生かして発展する産業」（選択として「情報を生かして発展する観光業」，「医療に生かされる情報ネットワーク」）で構成されています。

　大単元の導入は，くらしの中でどのような情報をどのような方法で手に入れているかを考える活動から，メディアの特徴について考え，社会のできご

図14　情報化社会と情報産業（C社）

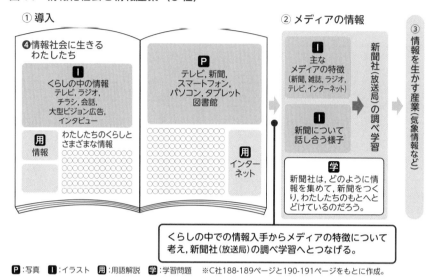

P:写真　I:イラスト　用:用語解説　学:学習問題　※C社188-189ページと190-191ページをもとに作成。

とやくらしに役立つ情報がたくさん書かれている新聞に焦点化し，新聞ができるまでを調べていきます。新聞の情報がどのような影響を与えるのか報道被害を例に取りながら考え，マスメディアやインターネットと私たちの関わり，情報社会の問題点を考え単元の学習をまとめます。

　第2小単元では天気予報などの気象情報がくらしに役立っていることから，気象情報やその他の情報がどのような産業に役立っているか豆腐工場を取り上げ，情報の活用方法をまとめます（選択として観光業，医療）。

　3社共通して日常生活でどのような情報に接しているかを導入にして，そこから情報を発信する産業の学習へと展開していきます。A社とB社は放送局，C社は新聞社が主事例です。この接続に全社とも多少スムーズさに欠けるところがあるかと思われます。また全社，情報のもつ積極的な面だけでなく，負の側面（報道被害や個人情報の流出など）についても取り上げられています。

(2) 情報の活用事例は子どもが必要性を感じる内容に落とし込む

　世は情報社会といいますが，情報は抽象的な概念で目に見えず，とらえにくいものです。教科書では全社が導入に身の回りにある情報を子どもたちに考えさせていますが，たとえばテレビ，ラジオ，新聞，雑誌，インターネットに，情報を得るものとしての共通性を子どもが見いだすことができるでしょうか。情報単元では，情報を発信する仕事と情報を活用して発展する産業の2つの内容を含みます。単元の導入は，この2つをつなぐものである必要があります。現状はけっして子どもにとってわかりやすいものとはいえないでしょう。

　くらしを取り巻くさまざまな情報を概観する導入に代わる子どもたちにわかりやすいものをつくるべきではないでしょうか。たとえば子どもが情報を必要とする場合を考え，天気予報に着目し，新聞社や放送局のニュース番組の中での気象情報の発信のされ方，気象情報を活用して顧客の求めるものを発注し提供する小売業について学ぶといった展開が考えられます。

　また，新聞社や放送局といった情報を発信する仕事のニュースを生み出し発信する過程は可視化し子どもがとらえやすくすることができますが，産業で活用される情報は可視化しにくいものも多いでしょう。これをどう扱うかも工夫しなくてはなりません。先ほど挙げた例ですと，天気によってコンビニエンスストアで売れるお弁当の個数の多少が左右されるとします。そうすると，気象情報を利用して天気をつかみ，その天気によってお弁当の発注個数を調整するといった内容であれば，情報も見えやすくなるのではないでしょうか。

　なお，情報化は

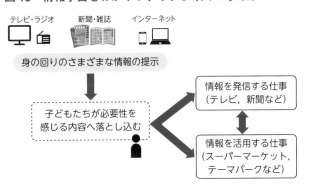

図15　情報学習をわかりやすくする導入の考え方

テレビ・ラジオ　　新聞・雑誌　　インターネット

身の回りのさまざまな情報の提示

子どもたちが必要性を
感じる内容へ落とし込む

情報を発信する仕事
（テレビ，新聞など）

情報を活用する仕事
（スーパーマーケット，
テーマパークなど）

良い面ばかりではないことにも留意したいものです。これは教科書会社全社が扱っていますが，報道被害やプライバシーの侵害を起こすことがあります。情報は扱い方を間違えると生命の安全を脅かしたり，金銭的な被害を被ったりするなど，情報化の負の側面についてもとらえさせておかなければならないと思います。

　このような情報を発信する産業，情報を活用する産業の学習とともに，市民として社会参加する際に情報を利活用することについても学習すべきではないでしょうか。小学校を卒業してから6年後くらいで選挙権を得ることになります。マスメディアなどのメディア情報から虚偽を見抜き，社会参加する際の意思決定に役立てられるようにしたり，市民としてほかの市民とつながり活動したりするためにSNSなどを活用するといった情報リテラシーの獲得についても考えるべきだと考えます。

まとめ
- 情報単元の導入でわかりやすく単元をつらぬく問題意識を喚起する工夫を考えましょう。
- 市民として社会参加するための情報リテラシーを育てる学習を位置づけましょう。

❺ 自然保護のために何ができるかという選択・判断を身近な事例で

(1) 新教科書はここが変わった

　A社は「わたしたちの生活と環境」という大単元の下に，「1　自然災害を防ぐ」，「2　わたしたちの生活と森林」，「3　環境を守るわたしたち」で構成されています。

　世界自然遺産を導入に，第1小単元では私たちのくらす国土の自然環境は災害が多いことをつかみ，地震災害・津波災害・風水害・火山災害・雪害について調べます。第2小単元では森林の現状と働きや利用について調べ，第3小単元では京都府京都市の鴨川を事例に環境保全について調べます。配時のない発展事例の「ひろげる」では水俣病を主とする公害病事件とその後の環境保全の取り組みを取り上げています。これらをふまえて，自然を守

図16　日本の自然環境（A社）

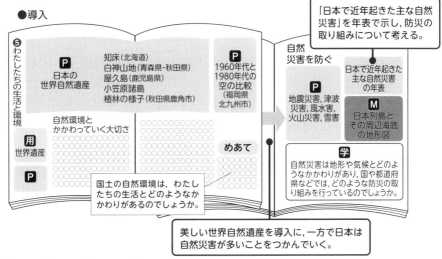

●導入

❺わたしたちの生活と環境

P 日本の世界自然遺産

知床(北海道)
白神山地(青森県・秋田県)
屋久島(鹿児島県)
小笠原諸島
植林の様子(秋田県鹿角市)

P 1960年代と1980年代の空の比較(福岡県北九州市)

自然環境とかかわっていく大切さ

用 世界遺産

P

めあて

国土の自然環境は, わたしたちの生活とどのようなかかわりがあるのでしょうか。

「日本で近年起きた主な自然災害」を年表で示し, 防災の取り組みについて考える。

自然災害を防ぐ

日本で近年起きた主な自然災害の年表

P 地震災害, 津波災害, 風水害, 火山災害, 雪害

M 日本列島とその周辺海底の地形図

学 自然災害は地形や気候とどのようなかかわりがあり, 国や都道府県などでは, どのような防災の取り組みを行っているのでしょうか。

美しい世界自然遺産を導入に, 一方で日本は自然災害が多いことをつかんでいく。

P:写真　**M**:地図　**用**:用語解説　**学**:学習問題　※A社下98-99ページ・100-101ページ・102-103ページをもとに作成。

るために何をすべきか選択・判断する場面を設定してまとめとしています。

　B社は「国土の自然とともに生きる」という大単元の下に, 「1　自然災害とともに生きる」, 「2　森林とともに生きる」, 「3　環境をともに守る」で構成されています。

　導入で豊かな自然に恵まれている一方で, 自然の力と向き合わなければいけないこともあると対照させる衛星画像の日本地図（周囲に対照的に配置された自然に恵まれた各地の写真と災害の写真）によって問題意識をもたせます。

　第1小単元では国土の特色と自然災害（雪害, 風水害, 地震災害, 津波災害, 火山災害に重点）と防災・減災の取り組みについて調べ, 第2小単元では森林と災害の関係, 森林の現状と利用, 保全について調べ, 第3小単元で福岡県北九州市の大気汚染を主事例に公害事件と環境保全の取り組みを調べ, 環境を守るために大切なことを選択・判断する場面を設定してまとめとしています。

　C社は「国土の環境を守る」という大単元の下に, 「1　環境とわたしたちのくらし」（選択として「大和川とわたしたちのくらし」）, 「2　森林とわた

図17　日本の自然環境（B社）

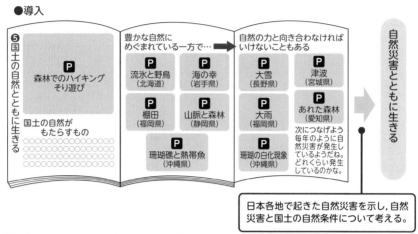

●導入

❺国土の自然とともに生きる

森林でのハイキング
そり遊び

国土の自然が
もたらすもの

豊かな自然に
めぐまれている一方で…

流氷と野鳥
（北海道）

海の幸
（岩手県）

棚田
（福岡県）

山脈と森林
（静岡県）

珊瑚礁と熱帯魚
（沖縄県）

自然の力と向き合わなければ
いけないこともある

大雪
（長野県）

津波
（宮城県）

大雨
（福岡県）

あれた森林
（愛知県）

珊瑚の白化現象
（沖縄県）

次につなげよう
毎年のように自然
災害が発生し
ているようね。
どれくらい発生
しているのかな。

自然災害とともに生きる

日本各地で起きた自然災害を示し，自然
災害と国土の自然条件について考える。

P：写真　※B社202-203ページと204-205ページ（折り込み，実質6ページ）をもとに作成。

したちのくらし」，「3　自然災害から人々を守る」で構成されています。

　導入では1945年以降のくらしと環境に関わる主なできごとの年表と関連写真から公害に着目させていきます。

　第1小単元では公害事件の四日市ぜんそくを主事例に事件の概要と環境の回復，環境先進都市づくりの取り組みを調べ（選択事例として大和川の水質保全），第2小単元では森林の現状と機能，利用，保全について調べ，第3小単元で自然災害の現状と国土の防災について調べ，命と地域を守るにはどうすればよいか選択・判断する場面を設定しまとめています。

　A社・B社は比較的近い展開で，C社が公害事件に重点を置いたユニークな展開になっています。もっとも，A社の導入は国土のすばらしさで入っていますが，B社は国土のすばらしさと災害の多さを対比し考えさせる導入となっています。また，A社は各地のさまざまな災害を取り上げていますが，B社はさまざまな災害を扱いつつも，東日本大震災を重点に展開しています。森林単元については，A社は自然災害の単元とのつながりは示されているものの主ではありませんが，B社は災害と森林の働きの関連を重視した接続になっており，森林が国土保全に果たす役割を重視した展開となっているなど，

図18　日本の自然環境（C社）

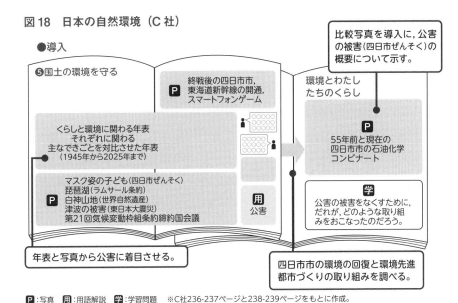

●導入

❺国土の環境を守る

P 終戦後の四日市市，東海道新幹線の開通，スマートフォンゲーム

くらしと環境に関わる年表
それぞれに関わる
主なできごとを対比させた年表
（1945年から2025年まで）

P マスク姿の子ども（四日市ぜんそく）
琵琶湖（ラムサール条約）
白神山地（世界自然遺産）
津波の被害（東日本大震災）
第21回気候変動枠組条約締約国会議

用 公害

比較写真を導入に，公害の被害（四日市ぜんそく）の概要について示す。

環境とわたしたちのくらし

P 55年前と現在の四日市市の石油化学コンビナート

学 公害の被害をなくすために，だれが，どのような取り組みをおこなったのだろう。

年表と写真から公害に着目させる。

四日市市の環境の回復と環境先進都市づくりの取り組みを調べる。

P:写真　**用**:用語解説　**学**:学習問題　※C社236-237ページと238-239ページをもとに作成。

重きの置き方に違いがあります。

　A社・B社の公害事件の取り上げ方はC社に比べれば少なく感じられます。C社は四日市ぜんそくを主事例として取り上げ，公害事件の発生，被害の実態から環境の回復，その後の公害事件の教訓から環境先進都市をめざしている様子を取り上げています。一つの事例に重点を置いたためわかりやすい展開となっていますが，こうした事例ゆえに森林とのつながりが弱くなっているようにも思われます。

　A社はさまざまな事例を過不足なく学べますが，小単元間の関連はあっさりしています。B社は国土の災害と森林のつながりが円滑です。C社は公害事件から環境の保全へのつながりが円滑です。それぞれのよいところに学び，またあっさりしているところは適宜補いながら活用することを考えたいものです。

（2）災害や公害は教科書事例と地元の事例を関連させて

　この単元の学習の主要な内容は，① 日本の国土の保全（自然環境と災害），

② 森林の働き，③ 公害（公害防止から環境問題の対策）です。

わが国は，「災害大国日本」などというありがたくない名称がつくほどです。毎年全国各地で自然災害が起きていますし，過去に遡れば全国どこでも被災の事実が見いだせるでしょう。また，世界自然遺産に選ばれるほどではないかもしれませんが森林も各地にあるでしょう。

図19　生活と環境の学習内容の関連

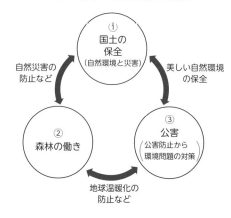

公害については『解説』では大気汚染，水質汚濁，騒音，振動，地盤沈下，悪臭と，取り上げる範囲が示されています。教科書では四大公害病が扱われていますが，高度経済成長期前後に各地でも公害事件が起こっているはずです。また，各地で公害事件の次には環境問題が起こり，その対策をさまざまに講じてきたはずです。教科書事例のつなぎ方のよいところを取り入れながら，この単元を地元地域の事例と教科書事例で展開できるように単元構成を工夫できないでしょうか。

また，公害事件の取り扱い方はC社の教科書まではできないにしろ，丁寧に扱いたいものです。公害事件は社会問題の典型例です。自社の利益のみを求め，他者をないがしろにして展開したきわめて残念な事件ですが，裁判も起こされており事実などがはっきりとしていることが多いのです。公害事件の事例から多くのことが学べます。

> **まとめ**
> ● 地元の事例の教材開発によって対比的に扱う工夫をしてみましょう。
> ● 公害事件を社会問題の典型として丁寧に学びましょう。

第6学年

1 新教科書は
こう変わった！

　第6学年の新教科書はどう変わるのでしょうか。新教科書の特徴を新学習指導要領の改訂のポイントをふまえて確認していきましょう（図1）。

ポイント1　第1単元が歴史学習から政治学習へと変更になった。

　第6学年の改訂は，今回の小学校社会科の最大の変更点といってもよいでしょう。これまで歴史単元→政治単元→国際単元の順に学習していたものを，政治単元→歴史単元→国際単元として，政治単元を最初に学習するというように，学習内容の順序指定がされました。

　これは18歳選挙権の実施に伴い，第6学年の学習の最初に政治を置き，印象深く学んでもらおうというものです。この順序の変更は，第6学年の学習にさまざまな変更をもたらしています。それは後々触れていくことにして，まずは，政治先習ということを頭に入れておきましょう。

ポイント2　「身近な政治→国の政治」から，「国の政治（概説）→身近な政治（各論）」へという学習過程に変わった。

　先に触れたように，今回の改訂では，学習のはじめの段階で概略を示し，次に具体的に示すという学習過程になっている単元が多くなっています。

　これは，説明はしやすいものの，小学生の子どもの認識の傾向とは異なっています。第6学年では政治単元がこれまで子どもたちの身近な地方の政治から国の政治へと学習が展開していましたが，国の政治から地方の政治へ

図1　第6学年　新教科書はどう変わるのか

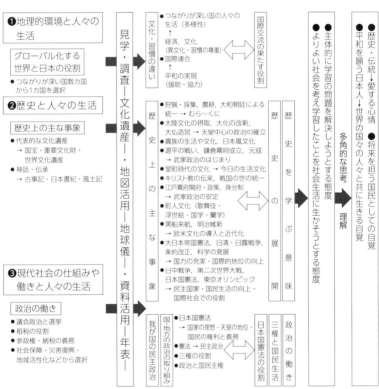

6年

社会的事象の見方・考え方を働かせ，学習の問題を追究・解決する活動を通して，次のとおり資質・能力を育成することを目指す。

(1)【知識及び技能】
我が国の政治の考え方と仕組みや働き，国家及び社会の発展に大きな働きをした先人の業績や優れた文化遺産，我が国と関係の深い国の生活やグローバル化する国際社会における我が国の役割について理解するとともに，地図帳や地球儀，統計や年表などの各種の基礎的資料を通して，情報を適切に調べまとめる技能を身に付けるようにする。

(2)【思考，判断，表現力等】
社会的事象の特色や相互の関連，意味を多角的に考える力，社会に見られる課題を把握して，その解決に向けて社会への関わり方を選択・判断する力，考えたことや選択・判断したことを説明したり，それらを基に議論したりする力を養う。(5年と共通)

❶地理的環境と人々の生活

グローバル化する世界と日本の役割
● つながりが深い国数カ国から1カ国を選択

❷歴史と人々の生活

歴史上の主な事象
● 代表的な文化遺産
　→ 国宝・重要文化財・世界文化遺産
● 神話・伝承
　→ 古事記・日本書紀・風土記

❸現代社会の仕組みや働きと人々の生活

政治の働き
● 議会政治と選挙
● 租税の役割
● 参政権・納税の義務
● 社会保障・災害復興・地域活性化などから選択

見学・調査―文化遺産―地図活用―地球儀―資料活用―年表―

文化・習慣の違い
● つながりが深い国の人々の生活（多様性）
● 経済，文化（異文化・習慣の尊重）
● 国際連合
● 平和の実現（援助・協力）

⇔ 国際交流の果たす役割

歴史上の主な事象
● 狩猟・採集，農耕，大和朝廷による統一 ― むら～くに
● 大陸文化の摂取，大化の改新，大仏造営 → 天皇中心の政治の確立
● 貴族の生活や文化，日本風文化
● 源平の戦い，鎌倉幕府成立，元寇 → 武家政治のはじまり
● 室町時代の文化 → 今日の生活文化
● キリスト教の伝来，戦国の世の統一
● 江戸幕府開府・政策，身分制 → 武家政治の安定
● 町人文化（歌舞伎・浮世絵・国学・蘭学）
● 黒船来航，明治維新 → 欧米文化の導入と近代化
● 大日本帝国憲法，日清・日露戦争，条約改正，科学の発展 → 国力の充実・国際的地位の向上
● 日中戦争，第二次世界大戦，日本国憲法，東京オリンピック → 民主国家・国民生活の向上・国際社会での役割

⇔ 歴史を学ぶ意味

歴史の展開

我が国の民主政治

国・地方の政治の取り組み
● 日本国憲法 → 国家の理想・天皇の地位，国民の権利と義務
● 憲法 → 民主政治
● 三権の役割
● 政治と国民主権

⇔ 政治の働き

日本国憲法の役割

三権と国民生活

● 主体的に学習の問題を解決しようとする態度
● よりよい社会を考え学習したことを社会生活に生かそうとする態度

多角的な思考

理解

● 歴史・伝統・愛する心情
● 平和を願う日本人→世界の国々の人々と共に生きる国民としての自覚
● 将来を担う国民としての自覚

(3)【学びに向かう力，人間性等】
社会的事象について，主体的に学習の問題を解決しようとする態度や，よりよい社会を考え学習したことを社会生活に生かそうとする態度を養うとともに，多角的な思考や理解を通して，我が国の歴史や伝統を大切にして国を愛する心情，我が国の将来を担う国民としての自覚や平和を願う日本人として世界の国々の人々と共に生きることの大切さについて自覚を養う。

※❶〜❸は学習順ではなく，中学社会科の分野を参考に内容で分類し便宜的に番号を振った。

実践編｜第**6**学年

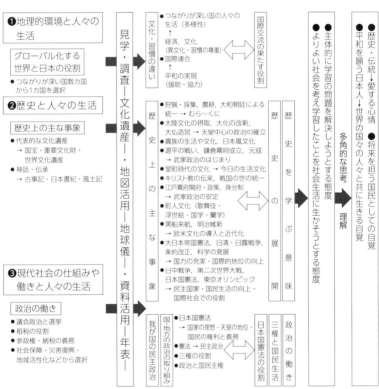

という順序に変わっています。

政治学習のポイントは国政から地方自治へ，政策の実現過程と法令・予算の関わりを取り上げる。

　先習単元となった政治単元ですが，その中の学習順序も大きく変わりました。先に述べたように，これまでは子どもたちの身近な地域である地方公共団体の政治を学び，それを基盤に国政へと発展させ，日本国憲法，三権の学習となっていました。ところが今回の改訂では，国家や国民生活の基本を定めている日本国憲法や三権の働きと国民生活の関わりを先に学び，その次に国や地方公共団体の政治を学習することになったのです。

　子どもの社会認識が同心円的に発展すると考え，身近なものから遠くのものへと配列されていた学習内容が，憲法・国政と政治の基本・概略を学び，それを身近な地域へと戻していくものに変わったのです。

　また，新たに国や地方公共団体の政治の内容として政策の内容や計画から実施までの過程，法令や予算との関わりを取り上げるようになりました。

ポイント4 歴史学習のポイントは伝統や文化の強調。

　歴史学習の内容はこれまで9項目の内容で示されていましたが，12の項目の内容に変更されました（扱う時期に関するものが2項目増え，資料活用に関するものが1項目増えました）。

　平安時代の貴族の生活や文化が大陸文化の摂取の項目に含まれていたものが，貴族の生活や文化を手がかりに日本風の文化が生まれたことの項目が独立しました。このほかにも伝統や文化に関する項目が強調されています。

　また，「内容の取扱い」で当時の世界との関わりにも目を向け，わが国の歴史を広い視野からとらえられるように配慮することが示されています。

表1　新・旧の学習指導要領の歴史学習内容の比較　　※主な変更点は色文字とした。

新	学習指導要領　6学年歴史に関する内容	旧
1	● 狩猟・採集や農耕の生活と古墳 ● 大和朝廷による統一，神話・伝承や国の形成 ● むらから国への変化	1
2	● 大陸文化の摂取，大化の改新，大仏造営の様子 ● 天皇中心の政治の確立	2
3	● 貴族と日本風の文化	
4	● 源平の戦い，鎌倉幕府の始まり，元との戦い ※武士による政治の始まり	3
5	● 建造物や絵画などの室町文化 ※現代の生活文化とのつながり	4
6	● キリスト教の伝来，織田・豊臣の天下統一 ※戦国の世の統一	5
7	● 江戸幕府の始まり，参勤交代，鎖国 ※身分制度の確立，武士による政治の安定	
8	● 歌舞伎や浮世絵，国学や蘭学 ※町人の文化の繁栄	6
9	● 黒船の来航，廃藩置県や四民平等などの改革 ● 明治維新，文明開化 ※欧米の文化を取り入れる	7
10	● 大日本帝国憲法の発布，日清・日露の戦争，条約改正 ● 科学の発展 ※国力の充実と国際的地位の向上	8
11	● 日中戦争，第二次世界大戦，日本国憲法の制定 ● オリンピック・パラリンピックの開催 ※民主国家，国民生活の向上，国際社会の中での役割	9
12	● 遺跡や文化財，地図や年表などの資料で調べ，まとめる	―

ポイント5 ｜ 国際単元の学習のポイントは選択・判断。

　国際単元の学習は，内容としてはわが国とつながりが深い国々について，経済や文化などの面でのつながりを視点に取り上げることに変更はありませんが，「スポーツや文化などを通して他国と交流し，異なる文化や習慣を尊重し合う」ことが加わりました。

　「内容の取扱い」で世界の人々と共に生きていくために大切なことや，今後，わが国が国際社会において果たすべき役割などを多角的に考えたり選択・判断したりできるよう配慮することが示されています。

2 新教科書の授業はこうする！

① 単元の構成に注意して年間の学習を進めたい

(1) 新教科書はここが変わった

　5年生でも述べましたが，高学年の教科書はＡ社が2分冊，Ｂ社・Ｃ社は1冊となっています。Ｂ社・Ｃ社は各学年すべて1冊となっていますが，Ａ社は，5年生は上・下巻の2冊構成です。そして，6年生は政治・国際編と歴史編の2冊に分けているのです。それぞれの単元名は表2のようになっています。

　Ａ社教科書の場合，政治・国際編は第1単元の「わたしたちの生活と政治」と第3単元の「世界の中の日本」の2単元が収録されています。Ａ社で授業を行う場合は，まず政治・国際編で第1単元を学び，その後，別冊である歴史編で第2単元の「日本の歴史」を学び，その後に政治・国際編の教科書にもどって第3単元を学習することになります。Ｂ社・Ｃ社は1冊ですから，巻頭から順に学習を進めていけばよいわけです。

　また，歴史学習の単元構成は，Ａ社とＣ社は新学習指導要領の内容の（ア）〜（サ）までの11項目に対応して単元がつくられていますが，Ｂ社のみ項目（ウ）の平安時代の貴族の生活・文化を単元として独立させていない構成となっています。

(2) 年間を見通した問題解決的学習の授業構成を考えたい

　先に政治学習を学年のはじめに設定した背景は18歳の政治参加にあると述べました。このことをふまえて，政治学習，歴史学習，国際学習と続く学習の中で主権者としての自覚が生まれ，政治参加の意欲が高まり，参加・参

表2　第6学年の教科書単元一覧

◎配当時間とページ数は，各社公開の年間指導計画作成資料による。
単元ページ数には配当時間がないものも含む。なお，総ページ数はノンブルによる。

A社　（全 105 時間，総 116 ＋ 160 ＝ 276 ページ）			
大単元名	小単元名	配当時間	ページ数
1　わたしたちの生活と政治 （全 19 時間，58 ページ）	オリエンテーション	1	2
	1　わたしたちのくらしと日本国憲法	6	14
	2　国の政治のしくみと選挙	4	8
	3　子育て支援の願いを実現する政治／震災復興の願いを実現する政治［選択］（いかす）	7	11/11 (2)
	いかす（第 1 単元全体）	1	2
2　日本の歴史 （全 72 時間，158 ページ）	オリエンテーション	2	6
	1　縄文のむらから古墳のくにへ	7	16
	2　天皇中心の国づくり	6	11
	3　貴族のくらし	3	6
	4　武士の世の中へ	6	11
	5　今に伝わる室町文化	3	6
	6　戦国の世から天下統一へ	6	12
	7　江戸幕府と政治の安定	6	11
	8　町人の文化と新しい学問	5	9
	9　明治の国づくりを進めた人々	7	14
	10　世界に歩み出した日本	6	11
	11　長く続いた戦争と人々のくらし	7	13
	12　新しい日本，平和な日本へ	7	14
	いかす（第 2 単元全体）	1	2
3　世界の中の日本 （全 14 時間，48 ページ）	オリエンテーション	1	2
	1　日本とつながりの深い国々	7	32
	2　世界の未来と日本の役割	6	12

※第 1・3 単元が政治・国際編（116 ページ），第 2 単元が歴史編（総 160 ページ）と 2 分冊構成。

B社　（全 105 時間，総 276 ページ）			
大単元名	小単元名	配当時間	ページ数
1　ともに生きる暮らしと政治 （全 20 時間，58 ページ）	オリエンテーション	1	4
	1　憲法とわたしたちの暮らし	11	22
	2　わたしたちの暮らしを支える政治／災害からわたしたちを守る政治／雪とともに生きる暮らしを支える政治［選択］	7	14/ 8/6
	つなげる	1	2
2　日本の歴史 （全 70 時間，168 ページ）	オリエンテーション	1	4
	1　国づくりへの歩み	7	16
	2　大陸に学んだ国づくり	7	15
	3　武士の政治が始まる	4	9
	4　室町文化と力をつける人々	4	8
	5　全国統一への動き	5	13
	6　幕府の政治と人々の暮らし	5	11
	7　新しい文化と学問	6	13
	8　明治の新しい国づくり	7	13
	9　近代国家を目ざして	9	17
	10　戦争と人々の暮らし	7	15
	11　平和で豊かな暮らしを目ざして	6	16
	つなげる	2	2
3　世界の中の日本 （全 15 時間，42 ページ）	オリエンテーション	1	2
	1　日本とつながりの深い国々	6	22
	2　地球規模の課題の解決と国際協力	8	16

C社　（全 105 時間，総 276 ページ）			
大単元名	小単元名	配当時間	ページ数
1　わが国の政治のはたらき（全 15 時間，44 ページ）	オリエンテーション	1	2
	1　憲法と政治のしくみ	9	20
	2　わたしたちの願いと政治のはたらき／自然災害からの復旧や復興の取り組み／経験をむだにしないまちづくり［選択］	5	10／6／4
2　日本のあゆみ（全 77 時間，180 ページ）	オリエンテーション	1	4
	1　大昔のくらしとくにの統一	8	16
	2　天皇を中心とした政治	8	16
	3　貴族が生み出した新しい文化	4	8
	4　武士による政治のはじまり	5	12
	5　今に伝わる室町の文化と人々のくらし	5	12
	6　戦国の世の統一	5	10
	7　武士による政治の安定	5	12
	8　江戸の社会と文化・学問	6	14
	9　明治の新しい国づくり	6	14
	10　国力の充実をめざす日本と国際社会	9	18
	11　アジア・太平洋に広がる戦争	7	16
	12　新しい日本へのあゆみ	8	18
3　世界のなかの日本とわたしたち（全 13 時間，38 ページ）	オリエンテーション	1	2
	1　つながりの深い国々のくらし	6	22
	2　国際連合と日本の役割	6	12

画のための準備ができるような学習となるようにしていきたいものです。

　それぞれの単元が，別のものとして展開するのではなく，6 年生の子どもが社会に向き合っていけるようになる問題解決の物語として，単元が連続・発展していくよう考えたいのです。連続・発展のための核は子どもの問題意識です。その点で B 社の単元構成は参考になります。

　子どもたちが興味をもつスポーツの祭典，オリンピック・パラリンピックを導入に，障がい者の社会参加を保障する日本国憲法，障がい者の社会参加を可能にする法の成立過程と政治の仕組み，そして障がい者だけでなく子どもやお年寄り，皆が幸せにくらせる社会にするための政治の働きを身近な地域で追究していきます。

　政治参加から模擬投票を体験しつつ，選挙権の拡大の一部を用いて歴史学習の導入を行います。人々の政治参加の拡大を意識の中に置きながら歴史学習を進め，歴史学習の終末で政治参加・選挙権の拡大について振り返って，歴史を学ぶ意義について明らかにし，再びオリンピック・パラリンピックから日本と世界をつなげています。

日本とつながりの深い国々や国際協力・国際機関の学習とつなげ、これからの世界の発展をどう考え、それにどう関わっていこうと考えるか、世界の平和と環境への取り組みにどう関わっていくのかを選択・判断していくという物語です。

このようなつながりはＡ社、Ｃ社を使っていても構成できるはずです。それぞれ実践する学級で、日常的に社会の動き、とりわけ政治に関心をもつような活動を設定しながら、政治・歴史・国際をつらぬく問題意識を育て、発展させながら展開する構想にしたいものです。

② 第１単元となった政治学習はどのように実践していくか

（1）新教科書はここが変わった

各社の教科書が新学習指導要領の示す概略から個別・具体的な事柄へという構成になっています。本単元では、新学習指導要領が国から地方へという小学生には難しい展開を示していることに対して、子どもが学びやすい工夫

図２　基本的人権と憲法

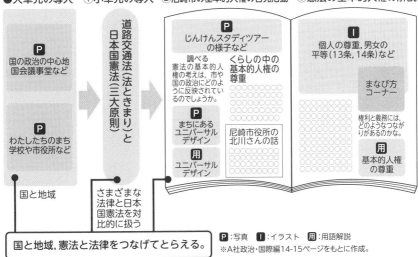

●大単元の導入　①小単元の導入　②尼崎市の基本的人権の啓発活動　③憲法の基本的人権の解説

P：写真　I：イラスト　用：用語解説
※A社政治・国際編14-15ページをもとに作成。

を試みています。

　A社は最初の見開きページで左ページに国，右ページに地域の写真を配し，国の政治と身近な地域について話題にしつつ，「わたしたちのくらすまちの政治と，国の政治とは，どのような関係があるのかな」と投げかけ，大単元の導入を行います。

　次の小単元の導入ページでは道路交通法から，くらしの中の法やきまりに注目させ，それらの大本には日本国憲法があり，以降見開きページの構成でその半分ずつを使いながら憲法の三大原則がどのようなものか，それが身近な地域のくらしにどのようにあらわれているのかを示しつつ学習を展開させていきます。

　第2小単元では，これまでに近い形で国の政治の仕組み（三権）と選挙について扱い，第3小単元では選択単元として地方の政治（子育て支援）または災害復興を扱っています（図2）。

　B社は大単元の導入で平和を希求するオリンピック・パラリンピックを取り上げ，子どもの興味をひきつつ，パラリンピックとパラリンピック選手に

図3　法の制定過程と政治

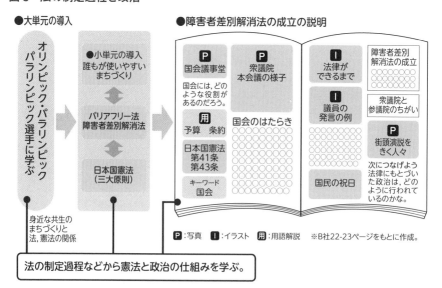

焦点をあて，小単元につなげています。

　小単元ではパラリンピック選手に取材する形をとりながら，障がい者が共に生きることのできるまちづくりを支える「バリアフリー法」，「障害者差別解消法」といった法やきまりに着目させ，それらが日本国憲法にもとづいてつくられた法であることを示し，これらの法がどのようにしてつくられたのか，法の制定過程や政策の計画・実施を調べながら日本国憲法と国の政治の仕組み（三権）を学ぶ問題解決的な展開となっています（図3）。その後，第2小単元で子育て支援を軸にした地方の政治または災害からの復興を選択して学習する展開になっています。

　C社は大単元の導入で見開きページを使いこれまでの社会科の学習で取り上げた事柄を取り上げながら，それらの背景には法やきまりがあったことを想起させています。小単元の導入で身近な地域の政治が日本国憲法にもとづいていることを示して，以降，憲法についての学習，政治の仕組み（三権）となっています。第2小単元では選択として，地方の政治（学童保育・待機児童問題）または災害復興を扱っています（図4）。

実践編　第6学年

図4　身近な政治のはたらき

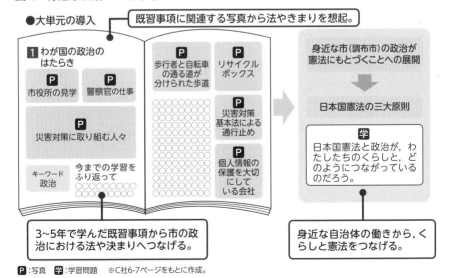

P：写真　学：学習問題　※C社6-7ページをもとに作成。

3社を比較してみると，3社とも憲法・国政から地方政治へという流れに独自の工夫で取り組んでいます。

　C社は導入で身近な地方政治へとつなぎながらも，あとはこれまでどおりに近い展開となっています。A社は日本国憲法までを子どもの身近なくらしとつなげて対比的に扱いますが，その後はこれまでどおりに近い展開となっています。B社が導入で取り上げたパラリンピック選手を通して，障がい者も共に生きるまち・社会づくりという視点で法やきまりを取り上げ，障害者差別解消法などの制定過程を追いつつ憲法や政治の仕組みを学習するという展開になっています。授業では，これらの特性を生かした構成が求められるでしょう。

　3社共通の問題ですが，日本国憲法の平和主義についての記述が，子どもにとってはわかりにくいであろう

図5　日本国憲法の平和主義と歴史学習のつなげ方

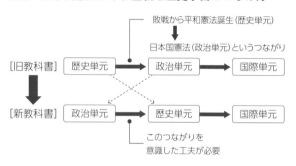

ことが懸念されます。これまでは，歴史の学習で第二次世界大戦を学び，戦争の被害から平和を求める日本国憲法に改正されてきたという歴史的事実をふまえた学習ができました。今回の改訂では歴史学習に先んじて政治単元があるため，それなりの配慮が求められます。

　A社・C社は本文に若干の記述があるものの，基本的には現在の問題として平和主義について触れられていますが，B社はほかの2社と比べて戦争や平和憲法が制定された歴史的経緯が示されています。

　B社・C社は1冊の構成となっているので，後の方のページにはなりますが戦争の単元の部分を一部読ませることもできるでしょう。しかしA社は「政治・国際編」と「歴史編」は別冊になっているため（配本は2冊ともに4月）歴史編の教科書を持ってこさせ，参照させなくてはならないでしょう。

（2）授業ではこうしたい

●新聞を生かし，「今」に迫る学習を

　先に述べたように政治単元が第１単元となったことで，現在のくらしの中の問題を，年間を通じて追究していくような問題解決的学習が行いやすくなったと思います。子どもが，くらしている身近な社会の中で起きている問題に関心をもち，さらに社会で　起きている諸問題についても問題意識を高め，その解決に向けて調べ，考えていけるようにしていきたいものです。

　そのためには，各社がそれぞれ取り上げているように，新聞を活用して今の社会を知り，社会 ―― とりわけ社会のかかえている問題 ―― に関心をもたせるような学習を日常的に行っていきたいものです。

　教科書で取り上げている地域の政治課題は，子育て支援・災害復興・高齢者問題などどこの地域であっても課題となっているようなものです。これらについて取り上げ，教科書事例と併せて，身近な地域の政治の問題として学習が進められるように構成していきましょう。

図6　新聞を生かした学習を

●新聞を活用しているページの紙面イメージ図

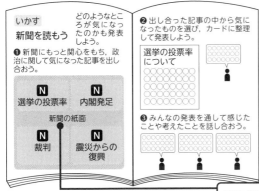

N：新聞　※A社政治・国際編62-63ページをもとに作成。

> 政治単元が第1単元になったことから，年間を通して現在のくらしの問題を追究する。

●教科書を活用しよう

　政治単元は，新学習指導要領が大きく変更された部分です。まだ実践が重ねられていない部分なので，まずは教科書を活用することを考えてみてはどうでしょうか。重点となるのは政治単元の導入です。日本国憲法への導入，日本国憲法から国政の仕組みへの展開は各教科書会社が工夫して構成したところです。

　A社は大単元の導入の見開きページで国の政治の中心地の写真とわたしたちのまちの写真を対比的に見せ，くらしがどのような仕組みで支えられているかを考えさせます。次の見開きページの小単元の導入ではくらしの中の法やきまりについて，これまでの社

表3　政治単元導入の工夫

A社	B社	C社
国の政治の中心と身近な自治体	パラリンピック選手のふだんの生活の様子	3～5年の既習事項の想起
くらしの中の法やきまりと憲法	障がい者のくらしを保障する法律	身近なくらしと自治体の政治との関係
↓	↓	↓
これらを対比的に扱い関係づける	これらの法律の成立から国の政治の働きへつなげる	政治は憲法にもとづくことへとつなげる

※既習事項を取り上げる場合は，下の学年の社会科学習がどのように行われてきたか確認しておく。

会科学習で出合ってきた法律 ── 道路交通法，廃棄物の処理及び清掃に関する法律，消防法，川の環境を守る条例 ── に関心を向け，それら法律の大本である日本国憲法の学習へと展開しています。

　B社は先にふれたので詳述は避けますが，大単元の導入はオリンピック・パラリンピックからパラリンピック選手へ関心を向けさせ，さらに障がい者のくらしを保障する法律へと焦点化し，それらの法律の大本である日本国憲法の学習へ，さらに障がい者のくらしを保障する法律の制定過程と重ねて国の政治の働きの学習へと展開しています。

　C社は大単元の導入にこれまでの社会科学習を振り返り，市役所，警察，防災，交通，リサイクル，個人情報保護に関わる法やきまりから，政治について調べていこうと導入します。次の見開きページの小単元の導入では市の人々のくらしが政治に支えられている場面をいくつか示し，それらが日本国憲法にもとづいていることへと展開しています。

3社ともよく考えられた導入からの展開です。ただし，既習事項を利用するＡ社・Ｃ社の導入を使う場合は，下の学年の社会科学習がどのように行われてきたかを調べ確認しておく必要があるでしょう。

●体験的に学べる学習を —— 模擬投票

　Ａ社では選挙を前に，政党の主張を検討する話し合い，Ｂ社では模擬投票が取り上げられています。

　6年生は，卒業の6年後くらいには投票の機会がやってくるであろう年齢です。国の政治や地域の政治について調べて考えるだけでなく，子どもたちそれぞれが考えをもち行動に移せる政治参加の原体験となる学習が必要ではないでしょうか。

　なお特定の政治家や，政党のみを取り上げ，その主張や背景となる価値観を教えるような授業は厳に慎まなければならないでしょうが，できるだけ視野を広げ，さまざまな主張について検討し，考え，自分なりの根拠をもとに判断させる学習を構成することが重要でしょう。

図7　選挙の体験的学習の例

● 政党の主張を検討する（Ａ社）

[消費税の増税について]

増税は必要　⇄　増税は不要

異なる主張について話し合う。

● 模擬投票に取り組む（Ｂ社）

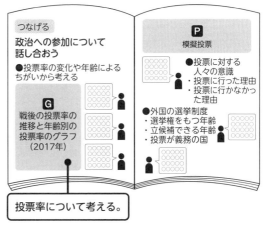

つなげる

政治への参加について話し合おう
●投票率の変化や年齢によるちがいから考える

Ｇ
戦後の投票率の推移と年齢別の投票率のグラフ（2017年）

Ｐ
模擬投票

●投票に対する人々の意識
・投票に行った理由
・投票に行かなかった理由
●外国の選挙制度
・選挙権をもつ年齢
・立候補できる年齢
・投票が義務の国

投票率について考える。

※Ａ社政治・国際編26ページをもとに作成。　Ｐ：写真　Ｇ：グラフ　※Ｂ社46-47ページをもとに作成。

(1) 新教科書はここが変わった

●歴史単元の始まり方は

　これまで大日本帝国憲法の制定，第二次世界大戦の反省から平和憲法に生まれ変わった歴史的な経緯を学んだ後に行われていた政治学習は，歴史が後に学ばれるようになったため，政治単元の教科書記述に工夫がされていることは先に述べました。では，歴史単元の始まり方はどうなったでしょうか。

　2分冊にしているＡ社は，歴史編という単独の教科書ですので，とくに政治の学習との連続性・発展性は示されず，歴史学習としての導入となっています。小学校社会科は，いってみれば「総合社会科」ですので，政治の学習との連続性・発展性を子どもに意識をさせるためには，教師が何らかの工夫をしなくてはなりません。ちなみにＡ社は，千葉県方面から関東平野を鳥瞰する地図を示し，そこに博物館，史跡などを配置して，地域に歴史を学ぶ手がかりがあることから歴史学習を導入していきます。これまでどおりの展開といってよいでしょう。

図8　歴史単元の導入とその工夫（Ａ社）

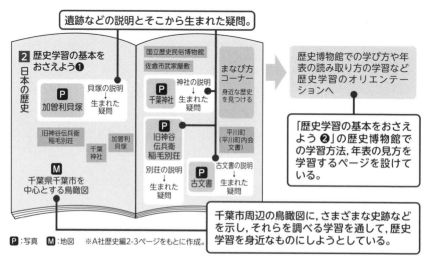

これはＣ社も同様で，１冊の本になっているので本としては連続している
のですが，政治から歴史の学習への橋渡しはされずに，いきなり歴史学習の
オリエンテーションが始められています。
　この中でＢ社だけが政治単元と歴史単元をつなげる工夫がされています。
　Ｂ社の歴史単元の導入は，選挙権の拡大に関するものです。現在の投票所
風景と，昭和初期の投票所前に並ぶ人の写真を比較して，昭和初期には女性
が並んでいないことに気づかせ，そこから，投票権が限られた人にしかなかっ
たことを示します。投票できる人や選挙も時間を経て変わってきたことを取
り上げ，現在の社会を理解し，考えるうえで歴史を学ぶことが有用であるこ
とが実感できるような構成になっています。
　今回の学習指導要領の改訂にあたっては「歴史を学ぶ意味を考え，表現す
ること」とあります。各社とも，これについては意識した記述があるのです
が，Ｂ社は歴史学習の導入と終末に，歴史を学ぶ意味が実感されるような構
成となっています。歴史単元のおわりに「つなげる　歴史を学ぶ意味を考え
よう」があり，導入の時には昭和の初期と現在のみが示されていた選挙制度
ですが，歴史学習が最後までいくと，その間に学習された明治・大正時代の

図9　歴史単元の導入とその工夫（Ｂ社）

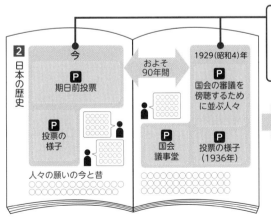

現在と昭和初期の投票所風景を
載せ，選挙権などが時間を経て
変わってきたことを示し，政治
単元とのつながりを意識させて
いる。

選挙権の移り変わりから，
日本の社会の歴史的変化を
調べるためのオリエンテー
ションへ

Ｐ：写真　※Ｂ社64-65ページをもとに作成。

図10　歴史単元の導入とその工夫（C社）

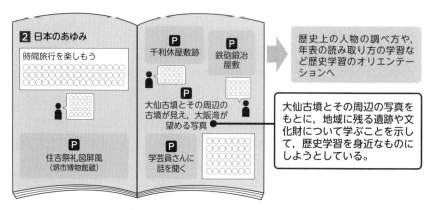

P :写真　※C社50-51ページをもとに作成。

選挙も加わります。そうすると，社会の変化に伴って人々の願いが変わり，政治の仕組みも変わってきたことが理解されます。

　導入では子どもの問題意識や関心を喚起した選挙制度の一部を示し，歴史学習を経て，制度だけの変化ではなく，社会・人々の意識・政治の仕組みとその関係の中でとらえられるような構成になっているのです。B社を使う場合には，この構造に気づいていると，子どもたちが深く学べるようになるでしょう。

●広く世界に目を向けられる場面

　今回の学習指導要領の改訂では「当時の世界との関わりにも目を向け，我が国の歴史を広い視野から捉えられるよう配慮すること」とあり，日本だけではなく世界との関わりについて扱うように求められています。

　これに応じて教科書も作成されており，A社・C社は世界との関わりに相当する記述を入れて対応しています。たとえばA社では「ヨーロッパ人の来航」という項目のページを作成しています。A社の前の版では「安土城と織田信長」という項だったのですが，そこのタイトルを変え，当時の世界地図も加えて，戦国時代の日本とヨーロッパとのつながりを厚く記述し，新学習

指導要領の要求に応えています。

C社では前版からあった「江戸時代の外国との交流」の項を子どもたちが「鎖国のもとでの外国との交流について調べました」と考え合う内容に変え，諸外国とのつながりを調べながら江戸幕府がなぜ外国との交流を独占したのか考えさせています。

表4　歴史単元における主な世界との関わり

	A社	B社	C社
見出し	ヨーロッパ人の来航	世界との関わり	江戸時代の外国との交流
内　容	当時の世界地図や貿易の様子の屏風絵などから，戦国時代の日本とヨーロッパとのつながりや影響について考える	日本と古代中国との関わりなど，5つのテーマから，世界との関わりの中で日本の歴史を考える （本文参照）	東アジア各地との交流を示した地図や琉球王国との貿易などから，なぜ幕府が海外との貿易を独占したのかを考える

※各社の工夫を生かすとともに，他社の特徴も参考にしたい。

この中で独自の対応をしたのがB社です。A社・C社同様，本文記述の加筆・修正もしていますが，「ひろげる」という読み物ページに世界との関わりというテーマで以下の5つを示しています。

① 世界との関わり —— 古代中国の歴史書にみる日本

② 世界との関わり —— 東アジアと日本

③ 世界との関わり —— キリスト教のヨーロッパと日本

④ 世界との関わり —— オランダ商館の人々

⑤ 世界との関わり —— 海をわたった武士たち

それぞれ1ページずつ読みやすく写真や地図なども配置され，広く世界とのつながりの中で日本の歴史をとらえるコラムになっています。いずれも興味深いテーマがコンパクトに記述されていますが，単元末のまとめの後に配置されているのが気にかかります。教科書の全体構成を理解していれば，関連内容の本文を指導する際に，単元末の「ひろげる」につなげる授業展開ができるでしょうが，教科書の構成が理解されていないと，見落とされてしまうかもしれません。

●歴史的な見方・考え方を育てられる場面

　新学習指導要領の小学校社会科の目標では「社会的事象の見方・考え方」とされていますので，「歴史的な見方・考え方」とするのはいきすぎているかもしれませんが，この単元の学習での社会的事象に関する見方・考え方は，中学校以降の歴史的な見方・考え方に発展するものです。教科書会社各社とも，これを意識したものとなっています。

　各社とも年表を活用して歴史的な見方・考え方を引き出そうとしています。A社・C社は各小単元に小さな略年表を示し，その時代の概略をつかませようとしています。もちろん巻末にも折り込みの年表があります（A社4ページ分，C社6ページ分）。B社は各小単元の年表はありませんが，本の真ん中より少し前あたりに折り込みで6ページ分の年表が入っています。資料集を購入して併せて使う学校もあるかと思いますが，教科書の年表は本文と一体になっていてすぐに使えるので，うまく使いたいものです。

　さて，それらの年表もありながらA社では「明治維新では，だれが，どのように，世の中のしくみを整えていったのでしょうか」というまとめる（学習問題の帰結）のページに1854年日米和親条約から1890年の国会開設までの年表を示して，この間の変化を考えさせるページをつくっています。

図11　歴史的な見方・考え方を育てる場面（A社）

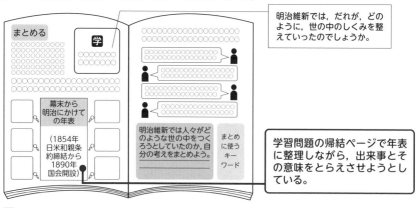

⬜↘:年表から読み取れること　　学:学習問題　　※A社歴史編114-115ページをもとに作成。

B社は「不平等条約の改正は，どのように実現されたのだろう」というまとめる（学習問題の帰結）のページに「調べたできごとを，年表にまとめよう」として1858年の日米修好通商条約の締結から1911年のアメリカとの条約改正までの年表に，目ざしたこと，できごと，結果・影響，条約改正への歩み，役割を果たした人物の5項目を設けて，条約改正までの道のりと，当時の社会の変化を考えさせるページをつくっています。

　C社は年表を使って考えさせるページはあっさりしていますが，当時の日本地図を使って「鎌倉・室町時代の産業や交通の広まり」や「奈良時代から現代までの交通」という発展のページ（時数の配当はない）をつくり歴史的な見方・考え方を育てようとしています。これもまた興味深いページとなっています。

図12　歴史的な見方・考え方を育てる場面（B社）

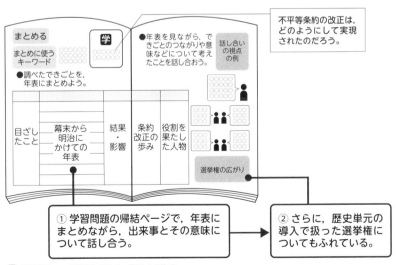

📖：学習問題　※B社196-197ページをもとに作成。

図13　歴史的な見方・考え方を育てる場面（C社）

●鎌倉・室町時代の産業や交通の広まり

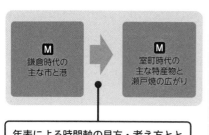

M
鎌倉時代の
主な市と港

M
室町時代の
主な特産物と
瀬戸焼の広がり

年表による時間軸の見方・考え方とともに、歴史地図による空間軸の見方・考え方を交通が発達するにつれ、物流が盛んになり、社会や産業が発展することで示している。

●奈良時代から現代までの交通

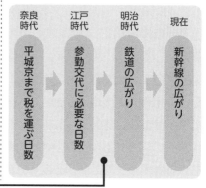

奈良時代	江戸時代	明治時代	現在
平城京まで税を運ぶ日数	参勤交代に必要な日数	鉄道の広がり	新幹線の広がり

M：地図　※C社120-121ページ、228-229ページをもとに作成。

（2）歴史学習の授業はこうしたい

●歴史学習の独自性をふまえた実践を

　歴史単元の学習は、学習指導要領・教科書ともに大きくは変わっていません。文化にこれまで以上の重点がかかり、単元の区切りが変わったり増えたりしたことや、世界との関わりを重視、わが国の歴史を広い視野でとらえられるようにすることなど、基本的には微修正で対応できるところでしょう。

表5　一つの視点を通して歴史学習を見る

単　元	視点：選挙・政治参加
政治単元	障がい者も共生のできるまちづくり、障害者差別解消法の制定〜政治への参加
歴史単元の導入	昭和初期と現在の投票所の様子の比較〜選挙権の移り変わりと日本の社会の変化との関連へ
歴史単元のおわり	歴史を学ぶ意味を考えよう〜選挙権の広がりを振り返る

※B社より

　しかし、そもそも歴史学習が社会科学習の中で独特な位置にあることを忘れてはいけません。ほかの単元は子どもの生活との接点が見いだせるので、問題解決的学習を構成しやすいのですが、歴史学習は子どもの生活との接点が見いだしづらいため、生活と結びついた学習問題を設定することが難しく、

ともすると，教師が教科書本文を説明する講義調の授業になってしまいます。そんな授業をすると，一部の歴史好きな子ども以外は学習から離れてしまうでしょう。

　主体的・対話的で深い学びとなるよう授業改善が求められてもいますから，そのような授業は絶対避けなければなりません。では歴史単元の学習動機として，どのように学習問題を構成していけばよいでしょうか。

　Ｂ社のように，それまでの社会科学習の中で生じた問題意識にもとづいて，歴史的に考えることで解決方法を模索するというのも一つの解決方法であろうかと思います。Ｂ社は第１単元である政治単元から，選挙・政治参加を問題意識として引き継ぎ，人々の政治参加はどのように拡大したのかを意識しつつ，歴史を見ていくという構成を取っています。

　今回の改訂では歴史を学ぶ意義を見いだせるような学習が求められています。歴史学者のE.H.カーは，その著書の中で哲学者のクローチェの「すべての歴史は『現代史』である」という言葉を引用しています。過去を現代の問題と照らし合わせて見ていくというアプローチは重要です。現代の問題を歴史的に調べ考えていくと，問題がどのようにして発生し，展開してきたのかわかります。発生・展開がわかれば解決の糸口も見えてくるでしょう。

●ほかの単元とは違う歴史学習での教科書の活用法を意識する

　歴史学習の単元はほかの社会科の単元とは違い，教科書が授業で果たす役割が異なります。ほかの単元では，教科書は子どもの問題解決の過程を表現する中で，子どもが出会った人の言葉や統計資料などの基本資料を示し，それらを使ってどのように問題解決を行っていったのかを表現しています。慣れた教師であれば，教科書を横目に見ながら，学級固有の学習問題を構成し，それを解決するための資料を時折教科書から引き出して授業展開していきます。

　ところが歴史学習の単元では，教科書は歴史を記述したものとなっており，教科書本文がそのまま学習対象，教材となっています。したがって，教科書の扱い方が違ってくるのです。

表6　歴史単元の問題解決的学習のモデル

① つかむ　→	② 調べる　→	③ まとめる　[→いかす]
資料を読み取り，考えたことを話し合ったりして学習問題をつくりだす	教科書の本文記述や写真資料などを教材とし，そこから読み取り調べる	学習問題に立ち返り，調べたことをカードや意見文にまとめる

※ A社より

　A社の教科書を例にどのように使うことが想定されているのか見てみましょう（表6）。A社の教科書は，問題解決的学習の過程を小単元レベルで「① つかむ→ ② 調べる→ ③ まとめる ［→いかす（学習したことを実生活に生かす）］」としています。

　① は資料から読み取ったことをもとに学習問題をつくりだす時間です。たとえば室町時代の学習では室町文化を代表する写真（金閣寺と銀閣寺，東求堂：書院造の部屋，現在の和室，この時代の主なできごとの年表）と本文記述から学習問題をつくりだし，1時間の授業を構成します。このページの本文記述は室町時代に関する簡単な説明があり，その後はこのページに掲載されている資料を子どもたちが読み取り，考えたことを話し合う体裁で構成され，子どもの発言を使って学習問題を生み出す過程が表現されています。

　子どもたちの発言の最後は「ほかにも，このころ生まれた文化にはどのような文化があったのか知りたいな」となっており，学習問題として「室町時代の文化は，どのようなものだったのでしょうか」と締めくくっています。

　次の時間は ① つかむでつくりだした学習問題を，② 調べるの時間となります。教科書の左には「調べる」という見出しがあり，その下には「室

表7　各学年の問題解決的学習の視点

○学習問題（例）
「人々は災害からどのように
　　自分たちを守ってきたか」

学年	学習課題
3年	警察，消防のはたらきと市町村による防災のはたらき
4年	都道府県による地震や自然災害への防災のはたらき
5年	国土の自然条件と災害，防災
6年	【政治単元】自然災害への対応と復興
	【歴史単元】関東大震災，阪神・淡路大震災，東日本大震災など

町時代の文化には，どのような特色があるのでしょうか」と本時の目標が示され，水墨画資料写真とそれを描いた水墨画家・雪舟の肖像画，茶の湯，生け花を体験している写真などが示されています。本文には水墨画の誕生の経緯の説明とそのほかの室町時代の文化に関しての紹介が記述されています。

　これらが先ほど述べた，教科書の本文自体が教材になっているということなのです。したがって，このページは写真などの資料と本文記述から，本時の目標である室町時代の文化の特色を読み取ります。

　歴史学習で教科書を使った学習はこのように展開していきます。これが基本となるでしょう。ただ，これだけでよいわけではありません。この展開の方法や資料の使い方を雛形に，示された資料をもとにつくりだした学習問題から，子どもの問題意識をもとに展開していく歴史学習にしたいものです。新学習指導要領でも歴史を学ぶ意義や有用性が実感できるような学習を構成することが求められています。

　B社は6年生の政治学習で生まれた問題意識から歴史を学んでいくモデルを示していましたが，6年生までの社会科学習の中からも問題意識は生まれるはずです。たとえば，3・4・5年で毎年扱われている防災に関心があれば，人々は災害からどのようにして自分たちを守ってきたかを視点に歴史学習を進めることができます（表7）。5年生の産業学習に関心をもったのであれば，食料生産の発展や，人を豊かにする技術の発展（工業）といった視点で歴史学習を進めることも可能です。

④ 国際単元の学習はどのように進めていけばよいか

（1）新教科書はここが変わった
●これからの社会で生きていくために選択・判断する場面を大切に

　国際単元は，学習指導要領上に大きな変化がなく，教科書紙面も大きな変化が見られません。社会科の指導要領全般に係ることとして示された「考えたことや選択・判断したことを適切に表現する力を養う」という事項は，学年が進んだほうが取り組みやすいため，6年生の政治単元や国際単元で扱っ

表8　国際単元における選択・判断の例

	学習課題	選択・判断
A社	これからを生きるわたしたちにできることを考えよう	紛争や難民をなくすために，今できることと将来どのようなことをしたいか考える
B社	世界の平和や環境を守る取り組みに，日本の人々はどのように関わっているのだろう	「持続可能な開発目標」から自分がこれから実行したいことを選択する
C社	世界の人々とともに生きていくために，わたしたちには，何ができるだろう	「持続可能な開発目標」から自分が達成したいものを1つ選択する

ています（表8）。

　A社ではまず政治単元の単元末で，学習問題であった「災害にあった人々の願いは，どのような人たちの，どのような働きによって実現されるのでしょうか」に対して，人々の願いをリスト化した表をもとに「災害からの復興に向けた政治の働きについて整理したことをもとに，まちづくりを進めていく

図14　国際単元の導入（A社）

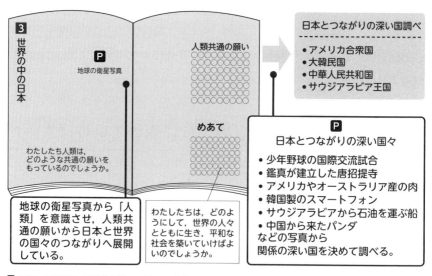

P：写真　※A社政治・国際編64-65ページをもとに作成。

うえで大切なことは何か，自分の考えを書いてみよう」として，人々の願い
を吟味して選択・判断する学習場面をつくっています。国際単元の単元末，
すなわち6年生の学習の最後で「いかす」ページでは，「これからを生きる
わたしたちにできることを考えよう」と自分たちにできる国際協力を選択・
判断する場面をつくっています。

　B社では国際単元のおわりで「持続可能な開発目標（SDGs）」の17項目
を示し「世界の人々とともに生きていくうえで，自分が実行したいと思うこ
とを選び，選んだ理由とともに発表しよう」という活動場面をつくっていま
す。

　C社では国際単元のおわりで「世界の人々とともに生きていくために，わ
たしたちには，何ができるだろう」としてB社同様SDGsの17項目を資
料として取り上げながら話し合い，選択・判断する学習場面をつくっていま
す。これはB社と同様のものととらえてよいでしょう。

図15　国際単元の導入（B社）

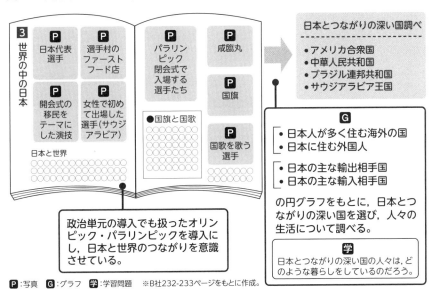

P：写真　G：グラフ　学：学習問題　※B社232-233ページをもとに作成。

図16　国際単元の導入（C社）

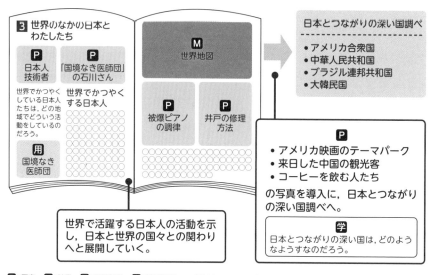

P ：写真　M ：地図　用 ：用語解説　学 ：学習問題　※C社230-231ページをもとに作成。

（2）世界との関わりを日常から意識して扱う

　世界との関わりというと，子どもの行動範囲から離れているように思える
かもしれませんが，グローバリゼーションの時代です。生活のいたる所に他
国は存在し，その情報であふれています。

　先に新聞を活用することについて述べましたが，新聞には毎日海外の情報
が掲載されています。常時行う活動として教室に新聞と世界地図を張り，つ
ねに世界を意識するようにしておくとよいでしょう。子どもの行動範囲の拡
大は同心円的な拡大かもしれませんが，情報はそうではありません。子ども
の日常と，世界をつなげて問題意識がもてるようにしたいものです。

　日本と関係の深い国の学習を進める際の資料は，子どもたちの周辺にある
ものも活用しましょう。たとえば旅行代理店などにおいてあるパンフレット
やウェブサイト（外務省，在日外国大使館）などは有効な資料となるでしょう。
また，国際協力や国連の学習の際にもそれらの機関が発行しているパンフ
レットやウェブサイトはよい資料となります。

図17　世界とのつながりを意識したページの例

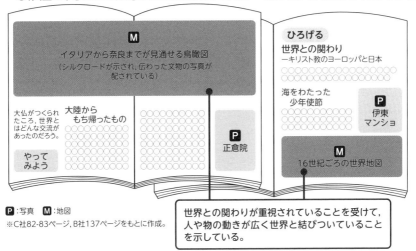

●「天皇を中心とした政治」の世界との関わり（C社）　●「ひろげる」の世界との関わり（B社）

M　イタリアから奈良までが見通せる鳥瞰図
（シルクロードが示され，伝わった文物の写真が配されている）

大仏がつくられたころ，世界とはどんな交流があったのだろう。

大陸からもち帰ったもの

P　正倉院

やってみよう

ひろげる
世界との関わり
ーキリスト教のヨーロッパと日本

海をわたった少年使節

P　伊東マンショ

M　16世紀ごろの世界地図

P：写真　M：地図
※C社82-83ページ，B社137ページをもとに作成。

世界との関わりが重視されていることを受けて，人や物の動きが広く世界と結びついていることを示している。

　国際協力の学習では世界で活躍している日本人について取り上げられています。世界が抱えている問題 —— 環境問題，貧困，飢餓の問題，平和維持の問題など —— に立ち向かっている日本人の姿に学びながら，これからの世界のために何ができるか考えさせたいものです。

　小学校の締めくくりの時期に，これからの自分がどうしていきたいのか，世界とどう関わっていこうと考えるか，選択・判断する学習を構成しましょう。その際，シミュレーションなども取り入れた体験的な学習も有効です。

表9　第5・6学年の評価の観点の趣旨

観点＼学年	知識・技能	思考・判断・表現	主体的に学習に取り組む態度
第5学年	我が国の国土の地理的環境の特色や産業の現状，社会の情報化と産業の関わりについて，国民生活との関連を踏まえて理解しているとともに，地図帳や地球儀，統計などの各種の基礎的資料を通して，情報を適切に調べまとめている。	我が国の国土や産業の様子に関する社会的事象の特色や相互の関連，意味を多角的に考えたり，社会に見られる課題を把握して，その解決に向けて社会への関わり方を選択・判断したり，考えたことや選択・判断したことを説明したり，それらを基に議論したりしている。	我が国の国土や産業の様子に関する社会的事象について，我が国の国土に対する愛情をもち産業の発展を願う国家及び社会の将来の担い手として，主体的に問題解決しようとしたり，よりよい社会を考え学習したことを社会生活に生かそうとしたりしている。
第6学年	我が国の政治の考え方と仕組みや働き，国家及び社会の発展に大きな働きをした先人の業績や優れた文化遺産，我が国と関係の深い国の生活やグローバル化する国際社会における我が国の役割について理解しているとともに，地図帳や地球儀，統計や年表などの各種の基礎的資料を通して，情報を適切に調べまとめている。	我が国の政治と歴史及び国際理解に関する社会的事象の特色や相互の関連，意味を多角的に考えたり，社会に見られる課題を把握して，その解決に向けて社会への関わり方を選択・判断したり，考えたことや選択・判断したことを説明したり，それらを基に議論したりしている。	我が国の政治と歴史及び国際理解に関する社会的事象について，我が国の歴史や伝統を大切にして国を愛する心情をもち平和を願い世界の国々の人々と共に生きることを大切にする国家及び社会の将来の担い手として，主体的に問題解決しようとしたり，よりよい社会を考え学習したことを社会生活に生かそうとしたりしている。

著者紹介

鎌田和宏（かまた かずひろ）

帝京大学教育学部初等教育学科教授

東京都の公立学校，東京学芸大学附属世田谷小学校，筑波大学附属小学校を経て現職。専門は，社会科教育，生活科・総合的学習教育，教育方法，情報リテラシー教育，教師教育。社会科教育では，歴史教育の内容・方法研究，社会問題を位置づけた社会科授業の内容・方法研究について関心をもっている。主な著書に，『入門 情報リテラシーを育てる授業づくり～教室・学校図書館・ネット空間を結んで～』（少年写真新聞社），監修に『教科書に出てくる歴史人物・文化遺産』シリーズ（学研プラス）などがある。

小学校　新教科書 ここが変わった！ 社会

「主体的・対話的で深い学び」をめざす 新教科書の使い方

2020 年 12 月 15 日　第 1 刷発行

著　者　鎌田和宏
発行者　河野晋三
発行所　株式会社 日本標準
　　　　〒 167-0052　東京都杉並区南荻窪 3-31-18
　　　　電話　03-3334-2640 [編集]
　　　　　　　03-3334-2620 [営業]
　　　　https://www.nipponhyojun.co.jp/

印刷・製本　株式会社 リーブルテック